Devi Arnold

Accompagnement Mieux-être Et si vous tentiez votre chance ?

I0127237

Devi Arnold

Accompagnement Mieux-être Et si vous tentiez votre chance ?

Éditions Vie

Impressum / Mentions légales
Bibliografische Information der Deutschen Nationalbibliothek: Die Deutsche Nationalbibliothek verzeichnet diese Publikation in der Deutschen Nationalbibliografie; detaillierte bibliografische Daten sind im Internet über http://dnb.d-nb.de abrufbar.
Alle in diesem Buch genannten Marken und Produktnamen unterliegen warenzeichen-, marken- oder patentrechtlichem Schutz bzw. sind Warenzeichen oder eingetragene Warenzeichen der jeweiligen Inhaber. Die Wiedergabe von Marken, Produktnamen, Gebrauchsnamen, Handelsnamen, Warenbezeichnungen u.s.w. in diesem Werk berechtigt auch ohne besondere Kennzeichnung nicht zu der Annahme, dass solche Namen im Sinne der Warenzeichen- und Markenschutzgesetzgebung als frei zu betrachten wären und daher von jedermann benutzt werden dürften.

Information bibliographique publiée par la Deutsche Nationalbibliothek: La Deutsche Nationalbibliothek inscrit cette publication à la Deutsche Nationalbibliografie; des données bibliographiques détaillées sont disponibles sur internet à l'adresse http://dnb.d-nb.de.
Toutes marques et noms de produits mentionnés dans ce livre demeurent sous la protection des marques, des marques déposées et des brevets, et sont des marques ou des marques déposées de leurs détenteurs respectifs. L'utilisation des marques, noms de produits, noms communs, noms commerciaux, descriptions de produits, etc, même sans qu'ils soient mentionnés de façon particulière dans ce livre ne signifie en aucune façon que ces noms peuvent être utilisés sans restriction à l'égard de la législation pour la protection des marques et des marques déposées et pourraient donc être utilisés par quiconque.

Coverbild / Photo de couverture: www.ingimage.com

Verlag / Editeur:
Éditions universitaires européennes
ist ein Imprint der / est une marque déposée de
OmniScriptum GmbH & Co. KG
Heinrich-Böcking-Str. 6-8, 66121 Saarbrücken, Deutschland / Allemagne
Email: info@editions-ue.com

Herstellung: siehe letzte Seite /
Impression: voir la dernière page
ISBN: 978-3-639-77581-5

Accompagnement Mieux-être, et si vous tentiez votre chance ?

Devi Arnold

énergie vocale

Dédié à « *tous les acteurs de la relation d'aide qui oeuvrent au quotidien pour le développement pérenne d'une meilleure qualité **"d'Être en Vie"***»

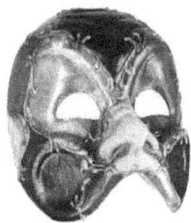

MODE D'EMPLOI

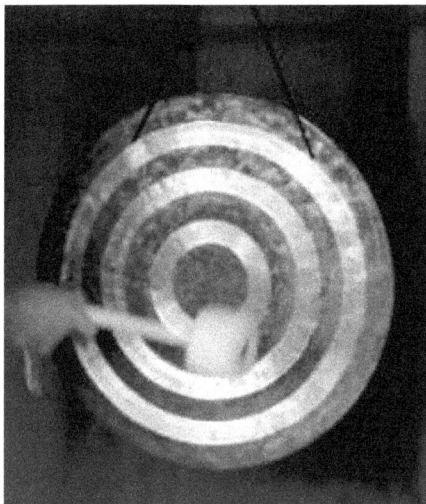

Glossaire

Tous les mots présents dans le Glossaire sont repérables par un astérisque suivi d'un G mis entre parenthèses (***G**).

Web : liste de sites internet

Sur la page qui suit la Bibliographie, les adresses de site sont classées par chapitre. On peut repérer dans le corpus général l'ensemble des références qui sont indiquées entre parenthèses. Y figure le code du chapitre correspondant précédé d'un astérisque, et suivi du numéro d'apparition selon un ordre croissant.

(***WI...**) pour Introduction, (***WPV...**) pour Pyschopédagogie vocale, (***WO...**) pour Ondoline®, (***WMSV...**) pour MSV, (***WE...**) pour Méthode Edonis, (***WPT...**) pour Ptibourelax, (***WDR...**) pour dynamique des réseaux, (***WDS...**) pour droits et statuts.

Annexes

En fin d'ouvrage, on trouvera les différentes annexes. On peut repérer l'ensemble des références dans le corpus général. Les pages sont indiquées entre parenthèses.

INTRODUCTION

« Une posture de Coach et un fil conducteur : la dynamique vocale et énergétique »

On ne choisit pas par hasard de s'installer en tant que coach ou thérapeute dans le secteur de la relation d'aide ou de l'accompagnement mieux-être, ou alors c'est qu'il s'agit d'une erreur d'aiguillage. Décider d'accompagner l'autre, c'est tout un cheminement, l'aboutissement d'un long parcours en développement personnel, semé de multiples explorations et de multiples partages d'expériences en groupes et en individuel. Et pourtant, certains se jettent à corps perdu dans l'aventure après une semaine de stage ou parce qu'ils ont décidé d'améliorer l'autre, de l'emmener là où ils pensent que c'est bien pour lui. Pour ma part, l'installation en cabinet est la résultante d'une réflexion mûrement aboutie et d'un parcours déjà conséquent dans l'accompagnement : monitrice de voile, cadre pédagogique, animatrice d'ateliers chant et d'expression théâtrale, intervenante en chorale et en training du comédien, professeur de français, responsable d'un service documentation, de l'accueil et de la communication, etc. Chanteuse j'ai aussi vécu la scène et les aventures humaines qu'impliquent la vie des groupes et l'adaptation permanente aux lieux, aux humeurs, et aux circonstances parfois insolites du moment présent.

J'ai fait le choix de poursuivre ma formation professionnelle en suivant un cursus de Sonothérapeute et en obtenant une certification en psychopédagogie de la voix

(*G) et de la parole, avec une spécialisation en Art-thérapie par le chant et l'expression scénique. Tout en poursuivant mon apprentissage, j'ai continué à clarifier ma posture, car j'ai toujours su que j'étais autre chose qu'un thérapeute. J'ai donc suivi une formation en coaching puis obtenu une certification de Coach, complétée par une habilitation de praticien PNL (Programmation Neuro Linguistique) (*G). C'est ainsi que j'ai pu endosser le costume qui me ressemble, celui du Coach, une alternative au thérapeute.

Puis la vie a mis sur mon chemin le réseau **Edonis** duquel je suis praticienne et formatrice agréée. La **méthode Edonis** m'a permis d'ouvrir de nouvelles portes d'accès au corps : le Toucher manuel couplé à une approche en santé naturelle.

Je teste d'abord sur moi et sur ma famille, et je suis très vite séduite par la pratique et ses résultats. Pour moi, cela s'avère un formidable complément au travail de développement personnel que j'effectue au quotidien depuis plusieurs années : méditation guidée, méditation, relaxation sonore, digipuncture, chant, connexion énergétique, autohypnose, EFT (*G), Qi Gong, Ondoline (*G)...

Chaque jour le praticien doit mettre en circulation son énergie (*G) et développer sa puissance vibratoire. C'est une condition indispensable à ce métier d'accompagnant. Et puis, il faut du temps ; il faut du temps et de la patience, car rien ne se fait en claquant des doigts. Il ne suffit pas d'avoir des qualités et du talent dans cette société saturée d'informations et en pleine crise économique. Il y a un fossé entre le « savoir faire » et le « faire savoir », et la communication est donc absolument incontournable. Il est vital de se faire connaître, d'aller à la rencontre, de faire de la pédagogie, d'expliquer et encore d'expliquer... Et oui, mais sans pratique suffisante, comment payer ses frais ? Là est tout le paradoxe de celui qui s'installe et dont on ne peut reconnaître d'emblée la « Valeur ». Il faut donc s'autoriser à devenir une opportunité, en décrochant son téléphone et en poussant les portes de l'inconnu. Curieusement, l'entourage environnemental est également peu réceptif à soutenir, et j'ai été très surprise du manque d'intérêt de nombre de mes connaissances qui n'ont même pas daigné se déplacer pour visiter mon lieu de travail, ni découvrir mes activités. C'est presque renversant, mais cependant assez commun si j'en crois les échos que j'ai autour de moi. Le soutien vient là où on ne l'attend pas, et c'est encore une façon de transformer ses attentes et d'accueillir la construction de son projet qui continue à grandir malgré tout ce qui ne se fait pas. Il faut garder la Foi (au sens large du terme), totale et inaltérable, car, comme me l'a dit mon amie *Sophie Visier* (**WI1**), la Foi n'est pas la Foi si elle n'est pas totale. Il est dit qu'il faut environ entre trois et cinq ans pour pérenniser son activité. Mais qui paye entre temps ? Qui paye les frais de publicité, le temps passé à distribuer ses documents, le temps passé à préparer sa communication, le temps passé à entrer en relation, le temps passé à se présenter ? Qui donne de la bonne humeur le matin quand les factures s'accumulent et que le client ne répond présent que de manière sporadique ? Il y a aussi le phénomène de la concurrence. En France tout le monde se sent concurrent de tout le monde. Les gens ont du mal à travailler en réseau : c'est culturel. Mais, comme on le verra dans le chapitre qui parle des réseaux, certains oeuvrent à créer du lien, et c'est une bonne chose pour l'émergence de tous les talents isolés sur leur territoire.

Capter l'attention dans cette société « sur-informée » est donc la difficulté première. Comment faire passer le message et surtout son « utilité » ? Même si la pratique de leur activité est très souvent une passion pour la grande partie des praticiens du mieux-être, notre survie dépend quand même de notre chiffre d'affaires. Et c'est là la grande contradiction, puisque pour le public, même s'il recherche un retour en terme de qualité ou de satisfaction, il s'agit avant tout pour lui d'un loisir. Le praticien a besoin de développer et de fidéliser sa clientèle pour pérenniser sa pratique. La clientèle, quant à elle, ne peut être consciente de cette nécessité qui ne la concerne en rien. Elle « s'offre » une parenthèse pour « Être autrement », et cela engendre aussi un coût. On voit donc que les attentes sont fort différentes. Une piste serait peut-être de conserver, par précaution, un travail complémentaire le temps de prendre son assise. Un travail qui, dans la mesure du possible, aille dans le sens de son projet, car il est difficile de faire le grand écart. Être sur un lieu de travail permet aussi d'être au contact d'une certaine population et donc d'un réseau potentiel de clientèle, le bouche à oreille étant vraiment le meilleur vecteur pour la rencontre. Pour conclure, je dirai que pour partir gagnant, il faut être capable en permanence de se réadapter à son environnement, et de revoir sa stratégie de développement. Rien ne se passe jamais comme on l'a imaginé, mais ce n'est pas pour cela que rien n'est possible. Il faut apprendre à rebondir et à transformer son point de vue. La méditation, qu'elle soit en silence ou guidée, ainsi que la relaxation et le chant, sont de précieux alliés pour aider à trouver son juste positionnement. Tout est une question de posture physique et de posture mental, et l'une et l'autre se soutiennent. Quelle est mon « Attitude » pour accueillir l'instant présent et recueillir les fruits de mon investissement passé ? C'est une question à se poser chaque jour et dès que le moral est en berne. Il est vrai que ce n'est pas simple d'être en accord avec tous ces temps qui nous entourent... tous ces temps si différents pour chacun de nous qui avons des rythmes propres à nos personnalités. Prendre le temps d'écouter le rythme de son cœur, sa pulsation, permet aussi de lâcher la pression accumulée et de retrouver un peu de sérénité.

« C'est dans la perception et la compréhension de ce qui nous échappe que l'on apprend à relier notre être à notre devenir »

Devi

LE COACHING

« Une alternative au Thérapeute »

Si nous sommes presque tous d'accord avec le fait que pour réussir il faut du talent, une certaine somme de travail et sans doute de la chance, il est aussi fondamental d'être conscient de sa Valeur et de *« Sa Possibilité »* d'interagir au monde. Les personnes en grande détresse sociale, notamment, sont aussi souvent en grande détresse affective souvent due à un déficit de Re-connaissance de soi. Pour mobiliser ses ressources il faut donc être en capacité de savoir identifier ses besoins afin de pouvoir répondre correctement aux nombreuses sollicitations qui viennent à notre rencontre, et pour ne pas passer à côté des occasions de grandir vers plus d'harmonie et de *« mieux-être »*. Il est difficile de trouver son chemin quand on ne sait pas que l'on peut actionner un ou plusieurs leviers. Et, effectivement, on doit pouvoir s'ouvrir à entrer en résonance avec son environnement. Combien dans les groupes reçoivent passivement le discours de l'intervenant parce qu'ils croient qu'ils sont là seulement pour écouter ? Le groupe justement est là pour faire exister chaque talent et permettre d'additionner les valeurs. Cette idée que l'état, l'entreprise, ou l'autre doit tout prendre en charge est culturelle pour bon nombre de citoyens, surtout chez les personnes en difficulté. On est passif quand on ne réalise pas que l'on a *« Une place »*, *« Sa place »*, et que l'on ne s'autorise pas à être en capacité à faire *« son Job »*, sa part de travail pour avancer et faire avancer. Quand les personnes réalisent qu'elles ont le droit d'avoir *« Leur valeur Personnelle »* - qui n'enlève rien à la valeur collective -, et que cette valeur personnelle s'ajoute pour créer la valeur que je nomme *« Collectif+ »*, cela crée l'envie de se mobiliser à explorer et identifier ses besoins. Ainsi on peut mieux répondre aux exigences de l'environnement, et on se retrouve plus en capacité d'accueillir et non de recevoir, dans le sens passif du terme. Forme de relation d'aide unique en son genre, le coaching accompagne chacun vers une évolution consciente et consentie et pousse à la créativité.

Le coaching, une forme de relation d'aide qui responsabilise

Le coaching est une forme de relation d'aide qui ne propose pas de recettes toutes faites et n'impose aucune décision. Le coach n'est ni un thérapeute, il ne propose pas de guérison, ni un pédagogue, il n'a pas vocation à transmettre un enseignement, ni un conseiller, car il n'est pas un expert qui propose des solutions préétablies. On ne va pas chez un coach comme on va chez un médecin pour chercher une ordonnance. Le coach n'est pas non plus un magicien qui d'un coup de baguette magique transforme les attentes en souhaits réalisés. Le coach a plutôt un rôle de révélateur : il donne l'élan, l'impulsion qui va mettre le coaché en action, mais c'est toujours le coaché qui en définitive fixera les objectifs, et la durée de l'intervention du coach s'effectue généralement sur un laps de temps assez court.

La personne qui entre en relation avec un coach est donc un demandeur qui vient chercher de l'aide auprès d'un « aidant-écoutant » pour avancer dans la direction la plus stratégiquement susceptible de répondre à ses besoins.

Dans un premier temps, le coach va aider la personne à clarifier sa demande, en tenant globalement compte de sa situation : de son expérience, de sa spécificité d'être singulier, de son environnement présent, etc., ceci afin de l'accompagner au mieux pour qu'elle découvre comment réussir son projet, si celui-ci, au cours de l'entretien, est préalablement qualifié d'accessible par le coach.

Le coaching est un métier considéré comme « nouveau » et il est plutôt en vogue. C'est un métier qui n'est pas réglementé, mais il existe des fédérations et des organisations de coachs qui oeuvrent pour mettre en lumière cette profession et la faire évoluer. La formation au métier de coach qui est proposée sur le marché est très hétéroclite et l'appellation de « coach » peut donc apparaitre parfois un peu comme un terme « fourre-tout ».
Il n'existe pas de code de déontologie propre à ce corps de métier, mais l'on peut trouver, auprès des grands organismes officiels, des chartes de déontologie que l'on pourra, le cas échéant, adapter à sa pratique.
Dans l'acte de coaching, il y a une responsabilisation des deux parties engagées dans le processus d'accompagnement, et du point de vue de l'éthique, le coach se doit de respecter certaines règles, comme, par exemple, de refuser une personne en situation

de psychopathologie s'il n'est pas formé pour effectuer ce genre d'accompagnement. Le coach doit aussi accomplir un travail en profondeur sur lui-même pour être plus cohérent dans sa démarche, et donc implicitement plus apte à mieux ressentir l'autre en tant qu'être émotionnel en recherche de réalisation et d'épanouissement. Le coach a un superviseur et continue de développer ses compétences en poursuivant son apprentissage à travers la formation continue.

Pour mener à bien sa relation d'aide, le coach va mettre en place des phases de travail, des étapes : série d'entretiens pour écouter, préciser et éclaircir la demande, ceci afin de définir correctement les objectifs ; mise en place d'un cadre sécurisé pour l'accompagnement, et rédaction d'un contrat d'engagement solidaire qui définira précisément les termes de la relation ; bilan ou synthèse du coaching exécuté.

Le coach n'a pas d'obligation de résultat, mais doit respecter le cadre défini en amont du processus d'accompagnement. Le coaching sportif des origines a évolué dans les années 1980 pour s'installer dans l'entreprise. Actuellement, on parle de plus en plus de coaching de vie, et même de coaching de bien-être.

On voit aussi le « coach vocal » qui s'invite à la télé, comme, par exemple, dans l'émission « The Voice », où les rôles se mélangent et où on ne sait plus vraiment qui prend la parole : « le chanteur à succès ? », « le professeur de chant ? », « l'artiste qui doit booster l'audimat ? », « l'ami d'un soir qui prend le novice sous son épaule ? », etc. ; on est donc en droit de se poser la question suivante : mais où est le coaching dans tout ça, et que représentent finalement la notion de coaching et le mot « coach » pour les auditeurs ?

Afin d'améliorer son image auprès du public et de favoriser l'émergence d'une nouvelle clientèle, il parait donc indispensable pour les praticiens en exercice que ce métier de coach, qui est pourtant en plein essor, gagne en lisibilité dans le but de remédier au manque de réglementation de cette profession.

Ma définition du coaching

Le coaching est l'art de savoir mettre en résonance une personne avec son potentiel créatif, afin que celle-ci détermine elle-même ce qu'elle doit changer pour aller vers un mieux-être, ici et maintenant (***G**), en toute conscience, afin de réaliser ses objectifs actuels et à venir, objectifs qu'elle aura appris à identifier dans le cadre d'un accompagnement sécurisé soucieux du respect de son individualité et du développement de son autonomie.

A quoi sert le coaching ?

Je dirai que le coaching sert à transformer des intentions en actions, et par là même à améliorer une situation vécue comme insatisfaisante. Il aide à prendre du recul et, par le biais d'un avis neutre, à fixer ses propres priorités en dehors de l'influence de son entourage. Il sert aussi à gagner en autonomie pour apprendre à gérer de façon plus efficace les changements à venir.

A qui s'adresse le coaching ?

A toute personne qui n'arrive pas à décider seule et qui se sent donc limité dans son « agir ». Cette recherche d'équilibre et d'harmonisation se fera bien évidemment en tenant compte du contexte environnemental et familial de la personne. Le coaching s'adresse également à toute personne qui, bien qu'ayant une idée assez précise de son objectif, ne sait pas comment le réaliser et le mettre en oeuvre.

Quel est le but du coaching ?

Le but du coaching est d'atteindre un ou des objectifs fixés par la personne en demande de coaching. Il y a plusieurs manières d'atteindre ces objectifs, en fonction de la personnalité du demandeur, et des outils utilisés par le coach [**AT (*G), PNL (*G), MBTI (*G),** etc.] pour établir le diagnostic.

Le coach va essayer de rendre le coaché plus « décideur-responsable » de ses choix, et lui donner l'envie de mobiliser ses ressources de façon plus pertinente. En lui faisant découvrir de nouvelles perspectives auxquelles il n'avait pas pensé, le coach va ouvrir l'horizon du coaché, ce qui va le stimuler et, de fait, augmenter son efficacité.

Le Coach ne résout pas tous les problèmes

Le coach n'est pas un magicien. Il n'est donc pas dans mes compétences « *de faire la pluie et le beau temps* ». Le coach ne propose pas non plus de recettes toutes faites, et il est important de bien avoir à l'esprit « *qu'on n'est jamais si bien servi que par soi même* ». Il est essentiel que chaque individu en processus de coaching réalise que ce n'est pas le coach qui va prendre une décision à sa place, et encore moins la décision parfaite, car c'est lui, en tant que client et personne responsable de sa destinée, qui est au coeur de « son » projet. En tant que coach je suis donc là pour faire entrevoir et concevoir que le changement s'intègre par l'action, et que la séance de coaching est une collaboration. C'est par l'intermédiaire de mon aptitude à savoir mettre mes clients en résonance avec leur potentiel créatif et décisionnaire, que j'aide chacun à trouver la ou les solutions adéquates, afin de résoudre ses difficultés. On peut voir le travail du coach un peu comme celui d'un détective. Il aide son client à mettre de la lumière sur sa situation en étudiant chaque détail à la loupe, car chaque élément peut avoir son importance. Le coach doit être prêt à ne jamais rien négliger, et également être prêt à accueillir ce qui est là.

Coaching et sécurisation du parcours

Le coach va offrir au demandeur un cadre sécurisé, c'est-à-dire un espace neutre qui n'exercera aucune influence sur l'un ou l'autre des protagonistes. C'est un espace protégé qui garantit la confidentialité et permet d'engager le dialogue en toute confiance pour aller à l'essentiel. En positionnement d'égal à égal, coach et coaché se tutoient. Afin de pouvoir éventuellement recadrer de façon appropriée de possibles dérapages, le coach va établir avec le coaché un contrat en co-responsabilité qui engage les deux acteurs de cette forme de relation d'aide qu'est le coaching. Ce contrat permet d'évaluer l'accompagnement : il est un cadre de référence complémentaire à la prise en compte du contexte dans lequel se déroule l'intervention. On peut trouver des modèles de contrats auprès des fédérations et organisations de coach.

Coaching et notion d'assertivité

Se présenter tel que l'on est et accueillir et considérer l'autre pour ce qu'il est, en évitant jeu de rôle et projections en tout genre, est pour moi le préalable à toute forme de relation d'aide. En ce qui me concerne, je dis ce que je comprends et ce que je ressens, même si la personne ne partage pas mon avis, et je sais par exemple dire non, ou que cela ne me convient pas.

Il y a ensuite une manière de le dire et un moment pour le dire, ce que je pourrai nommer « l'accordage », et il faut aussi, bien évidemment, savoir se taire parfois, ou reporter son intervention pour prendre du recul. Dans ce temps de silence où tout n'est pas dit, la communication prend naturellement sa place sans nécessairement faire appel aux mots. En général cette façon de communiquer dans le respect mutuel de ce que l'on est, et qui prend en compte la personne dans sa totalité, et pas seulement les mots qu'elle prononce, facilite l'échange et la communication ; mais évidemment ce n'est pas si simple que ça. Parfois, dans certaines situations difficiles, l'agressivité prend le relais, et le désir de s'enfuir peut aussi survenir. Il convient donc d'être très vigilant et de faire attention à rester dans cette attitude d'assertivité en acceptant notamment de transformer son point de vue, et en ayant toujours à l'esprit que personne n'est parfait. Dans la vie quotidienne, au contact de sa famille, il me semble que c'est plus difficile d'éviter les situations conflictuelles, car on est plus sur l'affectif.

Les principales qualités d'un coach

Un coach doit avoir acquis des connaissances en ayant suivi une formation professionnelle. On ne s'improvise pas dans un métier sans posséder certaines compétences. Le coach doit aussi disposer de qualités relationnelles et humaines, et une certaine expérience et conscience de sa manière d'être en relation à lui-même, au monde et à l'autre.

Je dirai donc que la principale qualité d'un coach serait peut-être le positionnement. Il me semble que de savoir se situer par rapport à soi, tout d'abord, aide à clarifier sa façon d'être en contact, et permet ainsi à l'autre de prendre sa place plus naturellement. Il faudra, par exemple, être vigilant à enfiler la bonne casquette lorsque l'on reçoit une personne en coaching si l'on exerce plusieurs métiers. C'est le coach qui reçoit en entretien, pas le manager ou le psychothérapeute, bien que celui-ci tirera mille bénéfices de toute l'expérience acquise dans l'exercice de ses différentes professions. Un positionnement clair aide aussi à poser les limites et les frontières dans la relation pour tenter d'éviter tout débordement. La seconde qualité que je mettrai en avant est « l'art de l'écoute ». Tendre l'oreille c'est être attentif à ce qui est dit, mais aussi à tout ce qui ne veut ou ne peut pas s'exprimer par les mots, et qui se manifeste sous une autre forme : posture corporelle, respiration, qualité de silence et d'écoute, rythme, ouverture et contact par le regard... Être à l'écoute accroît la perception et permet ainsi de prendre du recul. Cela permet d'être en empathie pour ensuite identifier plus distinctement les objectifs à atteindre et par là même aide à clarifier la demande. Choisir d'être à l'écoute, c'est adopter une posture, une attitude qui est celle de se préparer à accueillir l'autre dans toute sa spécificité, et implique aussi de ne pas « vouloir pour l'autre ». Il s'agira aussi d'être respectueux de ce que l'on perçoit et observe, car chaque échange est unique, et dans ce sens, l'échange peut être considéré comme un don que deux personnes accomplissent l'une envers l'autre à un instant « donné ».

La troisième qualité qui me paraît particulièrement intéressante est la capacité d'adaptation : s'adapter à l'autre, s'adapter à la situation, à l'imprévu, et de ce fait être capable d'improviser en toute conscience tout en respectant le cadre de référence. C'est ce que j'appellerai le « savoir-être confiant en sa puissance personnelle » pour permettre au coaché de prendre appui afin de franchir le plus confortablement possible l'obstacle pour accéder à la phase suivante ou au point d'arrivée.

J'ajouterai que de mon point de vue, un coach apte à accompagner de façon optimale une personne est, à mon avis, une personne qui a vécu de nombreuses et diverses expériences de vie, ainsi que des situations professionnelles multiples et variées.

C'est un individu qui a certainement cherché, par curiosité innée, à découvrir sur le terrain, lors de stages par exemple, « qui il est », comment il s'inscrit dans sa relation à l'autre, comment il s'intègre au sein d'un groupe... Cela ne peut que l'aider à agrandir son espace de perception, et il me semble d'ailleurs que l'on comprend mieux ce que l'on a vécu.

Ma spécificité
Mes compétences liées à l'écoute, à la dynamique vocale et à la dimension énergétique sont un plus pour effectuer ce travail de coaching. J'ai une grande puissance énergétique et une grande force mentale, même si je suis quelqu'un de plutôt sensible, et on me fait souvent des retours sur ma qualité de présence.

Même si je peux parfois impressionner les gens, car j'ai une stature plutôt imposante, j'ai travaillé à être d'emblée plus accessible, et j'ai, en définitive, un contact globalement assez direct et rapide avec mon entourage. On me fait facilement confiance, certainement parce que je suis prête à accueillir et que je tends l'oreille : je n'aime pas écouter à moitié, ou alors je n'écoute pas. Je fais aussi généralement ce que je dis et j'ai une assez bonne mémoire des situations. Ma qualité principale est le sens de l'adaptation acquis dès mon jeune âge, à cause du métier de militaire de mon père qui m'a fait changer d'écoles, d'amis, de pays, de maison tout les 2 ans. Fille d'un Général à la retraite, j'ai d'une certaine manière appris de fait le sens de la discipline et le rapport à l'autorité ! Pas facile d'être enfant de militaire, et mon frère et ma soeur ne me contrediront pas, mais avec le recul, il y a aussi des bons acquis à prendre ! On m'a transmis le sens de l'organisation, des responsabilités, la conscience professionnelle... Même si je suis quelqu'un de créatif qui aime inventer, écrire, chanter, danser, j'ai indéniablement les pieds ancrés dans la réalité bien que j'aime avoir la tête dans les étoiles.
Professionnellement j'ai eu un parcours très varié, car je ne suis pas carriériste, et

que j'ai toujours travaillé, comme une priorité, le chant et la musique au quotidien. Comme je m'intègre plutôt bien, même quand je ne suis pas entièrement satisfaite, c'est toujours de mon propre chef que j'ai quitté les différents emplois que j'ai eus. J'ai été, par exemple, monitrice de voile, serveuse, et même après avoir été cadre pédagogique de l'Enact-Cnfpt où en tant qu'attaché principal 2ème degré j'étais chargée du service documentation, de l'accueil et de la communication interne, j'ai trié des cartes de chômeurs pour pouvoir poursuivre mon parcours artistique.

J'ai aussi été professeur de français alors que j'avais demandé un poste de professeur de musique, prof de chant, intervenante musicale et chargée du training corps et voix de comédiens en théâtre... Chanteuse, j'ai été finaliste Printemps de Bourges et Lauréate de la Biennale des jeunes créateurs d'Europe de la Méditerranée.

J'ai une grande voix, mais je n'ai pas voulu être chanteuse lyrique parce que ce n'est pas ma culture - je viens du Rock -, mais aussi parce que je trouvai que l'on ne m'accompagnait pas toujours d'une façon suffisamment juste selon mon ressenti. J'ai aussi, tout au long de mon parcours de vie, travaillé à développer mes compétences intellectuelles et artistiques, et je me forme donc en continu si je peux dire. Explorer pour ressentir, c'est ce que je fais depuis toujours. Et il n'est pas nécessaire d'être obligatoirement en groupe pour cela. Seul, il est possible et capital de chercher et d'expérimenter pour progresser et avancer. Le cerveau a besoin de 21 jours pour intégrer correctement une information, et la répétition est donc essentielle pour assimiler convenablement les enseignements. Il ne faut pas être trop pressé et accepter d'être à la fois patient et constant. Il y a un temps pour apprendre, un temps pour ressentir, un temps pour comprendre, un temps pour intégrer, et un temps pour mettre en pratique. Ce cheminement m'a amené à acquérir un autre de mes atouts majeurs : ma capacité de centration.

L'identité du coach : mon profil

Plus qu'un pédagogue, oui, c'est toujours ce que j'ai été, et je ne suis donc pas uniquement quelqu'un qui transmet un savoir. Dans l'apprentissage, je suis quelqu'un qui interroge l'indicible pour essayer de trouver la direction la plus favorable à l'épanouissement, quelqu'un qui a le souhait de travailler dans l'échange et non dans le pouvoir. Cette attitude me vient des compétences que j'ai acquises dans mon parcours de vie jalonné de très nombreuses expériences : sport, documentation, métiers du spectacle, cours de chant, pratiques musicales, etc.

J'ai également travaillé dans la formation, enseigné parce que c'est venu sur mon chemin, accompagné autour du chant parce qu'on me l'a demandé, fait travailler des comédiens autour du training corporel et vocal dans le cadre de mises en scène, etc... Cette réflexion sur mon identité professionnelle m'a donc poussée à établir quelques constats qui m'ont aidée à clarifier mes motivations : chanteuse et sonothérapeute je propose de l'accompagnement vocal et de la relaxation sonore. Je me suis formée pour cela et ai une certification de « Formatrice en expression vocale spécialisée en art-thérapie par le chant et l'expression scénique ». Initialement on sortait de cette formation vocale avec un titre de « psychopédagogue de la voix et de la parole », mais à priori cela restait trop flou pour certains. Je pense qu'on peut cependant se questionner sur le sujet.

Du Toucher par les sons® j'ai ensuite fait un pont vers le Toucher manuel en rejoignant le **réseau Edonis** dont je Praticienne et Formatrice. Edonis est un concept unique de santé naturelle qui travaille en ouverture médecine chinoise. J'interviens donc en relation d'aide en utilisant l'approche qui correspond le mieux à la demande qui m'est formulée. Alors oui, je suis un pédagogue, puisque je transmets des connaissances, mais je suis aussi plus que cela. A l'écoute des besoins, je me définis comme une « *accompagnatrice par la dynamique vocale et énergétique* » pour une meilleure qualité « *d'Être en vie* ». J'espère pouvoir apporter de la confiance, de la joie et de la réussite aux personnes que je suis susceptible d'accompagner en les faisant gagner en indépendance. J'ai toujours travaillé dans le souci de rendre les gens autonomes, ce qui correspond bien à la mission du Coach telle que je la conçois, et, à mon humble avis, l'autonomie est bien le seul vrai pouvoir dont on a besoin.

Le métier de Coach : choisir sa direction
Au vu de mon expérience plus spécifiquement de chanteuse, je compte donc bien sûr m'inscrire dans la lignée du coaching vocal, mais pas que... Praticienne en santé naturelle c'est avant tout le côté « *bien-être avec soi* » pour être en « *mieux-être avec l'autre* » qui m'intéresse. Grâce à mes compétences de Sonothérapeute formée à la relaxation sonore, et de Praticienne Edonis formée au massage de santé Bien-être en ouverture médecine chinoise, je peux accompagner chacun autour de la notion de « *mieux-être au quotidien* », même sans passer par l'aspect vocal.

J'ai beaucoup d'outils dans ma « *boîte à mieux-être* », car j'ai appris et pratiqué de nombreuses techniques visant l'harmonisation corporelle, émotionnelle et relationnelle : relaxation avec des fréquences sonores, méditation sonore guidée, autohypnose, **Feldenkrais (*G)**, techniques de Respiration et lâcher-prise, Qi gong, Do in, harmonisation des chakras, visualisation mentale, chant harmonique et Yoga du Son...

La voix étant le moteur de ma vie je me sens cependant très à l'aise avec tout ce qui tourne autour de ce sujet, et j'ai remarqué que les gens que j'accompagne se sentent rapidement et comme naturellement sécurisé avec moi. Je pense que c'est dû en grande partie à mon parcours de vie empreint de vocal, domaine avec lequel je me sens en harmonie. La voix pour moi c'est aussi le corps, le corps instrument que l'on accorde et qui respire, la voix qui par la bouche s'ouvre au monde, à communiquer avec le monde. La voix est liée à l'oreille, autre porte ouverte sur le monde. La voix peut remplir et parcourir l'ensemble du corps et même le faire vibrer et chanter.

Grâce à ma voix, je suis donc un instrument complet et autonome ce qui m'a inspirée à inventer le concept de « coaching d'art-phonique® ». C'est ce qui m'intéresse dans l'aspect coaching vocal, que chacun trouve, en explorant, « *La Clef d'Harmonie®* » de son ici et maintenant, pour « *anticiper* » et « *devenir* » son futur conscient. J'ai une approche gestaltiste qui me convient parfaitement, car j'aime cette dynamique du mouvement qui pousse à avancer, et qui fait que l'on est acteur de son propre changement. Je conçois le coaching vocal en deux parties : une partie plus pédagogique (j'explique et je montre) et une partie plus coaching, en partant d'où en est la personne et en la guidant afin qu'elle se connecte à son potentiel pour rechercher et découvrir ses ressources. C'est clairement posé dans mon esprit, et c'est en travaillant suivant les personnalités que les choses s'agencent.

Certains auront plus besoin de pédagogie que d'autres, mais quand on réussit à faire comprendre à quelqu'un qu'il peut essayer et qu'il suffit pour cela d'oser y aller, en général cela fonctionne. Puis on adapte en permanence dans l'instant présent au coeur des explorations, dans la dynamique de la transformation. Un de mes « Maîtres » mots est le mot « *Flexibilité* », ce qui ne sous-entend pas « *absence de cadre* » ni d'encadrement.

18

Le coach « idéal »

Pour moi le coach idéal pourrait être une personne qui, dans sa « *coach attitude* », son attitude de présence bienveillante et d'ouverture, est naturellement disposée à écouter l'autre. C'est une personne qui se positionne donc d'une façon claire et sans ambiguïté, et qui inspire confiance, car elle croit au potentiel de l'autre, et ça se sent. Il me semble aussi que le coach doit être capable de se remettre en question et qu'il doit donc également être enclin à accepter la critique, même si cela n'est pas toujours facile. Le coach doit toujours prendre garde à ne pas prendre le pouvoir en jouant de sa voix et de sa parole, car il est facile de manipuler l'autre quand on est soi-disant du côté de celui qui sait, et j'émets le souhait d'être ce coach qui veille à cultiver les qualités dont je viens de parler. Le coach idéal a le sens de l'adaptation et aide à la prise de conscience dans une relation authentique où n'interviennent pas les jeux de pouvoir. Il utilise l'art du questionnement, art qui aide à hiérarchiser les idées, afin que le coaché découvre de lui-même la ou les solutions. Congruent, le coach est apte à rendre son client épanoui et indépendant (auto-coaching), et il est aussi efficace dans sa gestion du temps.

La question de l'accompagnement : peut-on refuser un client ?

Bien évidemment, je rencontre toute personne qui fait appel à moi, mais j'ai cependant la conviction que je suis une personne libre, tout comme la personne qui entreprend cette démarche d'entrer en relation pour une demande de coaching. En ce qui concerne le coaching individuel hors entreprise, la première séance étant gratuite, je m'accorde donc avec encore plus de légèreté le droit de refuser d'accompagner quelqu'un, mais j'espère que cela restera une exception, mon intention étant plutôt d'être prête à m'adapter aux différentes situations que je vais rencontrer. De la part du coaché potentiel, décrocher son téléphone et fixer un rendez-vous pour aller à la rencontre de quelqu'un, qui est, de surcroît, peut-être un inconnu, c'est déjà engager un processus. Il est évident qu'un travail est déjà en route lorsque la personne compose le numéro de téléphone et attend avec fébrilité d'entendre la voix qui va répondre «*à son appel*».

En entreprise, on a rarement l'option de pouvoir refuser d'accompagner quelqu'un, et cela peut-être dommageable pour l'accompagnement. Il est évident que l'engagement sera beaucoup plus effectif s'il y a « accord » entre les deux protagonistes, car le coaching c'est une alchimie, et si ça ne prend pas dès le début, il y a de fortes chances pour que le processus capote.
Ceci dit, comme j'aime le rapport humain et suis fascinée par la richesse que chacun

possède en lui, en fonction de sa personnalité et de son parcours de vie, je ne m'imagine pas vraiment refuser quelqu'un, chaque nouvelle expérience étant une source d'évolution pour moi. De devoir sans cesse transformer mes points de vue pour guider au mieux la personne dans un échange constructif qui est un « *Pont vers Son futur* », je trouve cela fabuleux. Je considère indéniablement cela, dans le même temps pour moi, comme un apport de nouvelles ressources et une ouverture de ma réalité.

S'il m'arrive cependant de refuser un accompagnement, je fais en sorte que la personne ne se trouve pas démunie à la fin de notre première rencontre, et qu'elle puisse poursuivre ailleurs ou avec quelqu'un d'autre le processus amorcé. L'intention première est de conclure l'entretien de façon à ce que cet « *instant passé* » soit malgré tout « *un plus* » pour le futur, afin que personne ne reparte avec, dans ses bagages, un sentiment d'échec. Dans le cas d'un refus, si la personne part avec l'impression que c'est elle qui ne veut pas poursuivre avec moi, c'est ce que je peux nommer l'option idéale.

Les points importants de l'accompagnement coaching ?
L'accompagnement coaching est une relation de partenariat équilibrée, dans laquelle il me paraît important de donner la place au tutoiement, ceci afin de mettre les différents protagonistes à un même niveau d'égalité. Pour sécuriser le client et permettre un meilleur suivi du « *déroulement coaching* », je trouve également essentiel que cette relation soit régit par un cadre : déontologie, contrat de coaching stipulant les conditions, ainsi que le cadrage des séances afin de pouvoir vérifier en permanence que la personne est toujours en phase avec son objectif correspondant parfaitement à la demande effectuée.

Le processus actif du coaching qui s'inscrit dans une « *dynamique du changement* » va se réaliser sur un laps de temps assez court, et la qualité de la relation qui va s'établir est donc fondamentale. Le coach est responsable du processus, et pour mener à bien son action de coaching « *co-partagée* », il est indispensable qu'il soutienne la relation : écoute attentive, synchronisation, questionnement adapté, reformulation cohérente et efficace en utilisant le langage du client, stimulation des ressources et mise en conscience que le client est partie prenante de son mode de fonctionnement lui-même influencé par ses pensées, accueil inconditionnel et sans jugement, attitude claire, valorisation constructive qui prend en compte les points forts pour bonifier la projection vers l'avenir...

Afin de conduire convenablement le client vers son objectif, le coach doit également être attentif à respecter des étapes, tout en prenant en compte la personnalité de son client, son mode de perception, et son mode de motivation. Pour cela il va mettre en place un plan d'action réaliste, une stratégie adaptée à son client, ce que je peux nommer du sur-mesure. Il est nécessaire que le coach soit capable d'avoir une vue d'ensemble de la situation tout en sachant hiérarchiser les priorités. Il doit aussi être apte à s'ajuster à n'importe quelle nouvelle situation sans être pour autant déstabilisé. Cela pourra se faire si dans le rapport qui a été établi, il règne une confiance partagée, conséquence que les règles sont respectées et ont été bien expliquées par le coach. Si le coach a correctement amené son client à comprendre et valider le fait qu'il est responsable de son évolution et « *possible expert* » en production de nouvelles richesses personnelles, il pourra d'autant mieux s'appuyer sur les expériences acquises par celui-ci, afin de l'accompagner à aller plus confortablement vers son avenir, affranchi de toute dépendance.

Et comme le dit si bien **Platon** : « *si l'on interroge les hommes en posant de bonnes questions, ils découvrent d'eux-mêmes la vérité sur chaque chose* ».

Créer du lien, un état d'esprit

Pour créer le lien, je « *vais* » à la rencontre du coach comme je pars en voyage, avec un certain entrain, dans un mouvement qui est en route vers le changement. J'arrive avec un état d'esprit d'ouverture et je me mets à l'écoute du coach en lui faisant comprendre qu'il peut me parler librement, car je l'accepte inconditionnellement.

Si besoin j'essaie de le mettre à l'aise avec un peu d'humour afin de détendre l'atmosphère. Je lui demande en quoi ce coaching est important pour lui, s'il a un souhait particulier pour notre fonctionnement, de quoi il a besoin pour faire évoluer la situation, etc., et je vais utiliser la synchronisation verbale et paraverbale ainsi que le feed-back et la reformulation pour faire avancer la conversation d'une manière constructive et structurée. Un de mes objectifs est de faire ressentir et entendre au client, le plus naturellement et simplement possible, que je suis là pour lui, à cet instant donné, entièrement et pleinement. Ma tête n'est pas ailleurs, car je me sens impliquée, je suis engagée. Je suis persuadée que si le client sent que le coach est totalement investi, la confiance mutuelle s'installe de fait. On ne peut pas mentir avec ça. C'est subtil, mais capital, et la façon dont va se dérouler le premier entretien va influencer tout le reste de l'action...

Les niveaux de communication : la relation prime-t-elle sur la conversation ?

Il existe deux niveaux de communication : le niveau du contenu que l'on appelle verbal et qui correspond donc au niveau de la conversation, et le niveau de la relation qui passe essentiellement par le non verbal (gestuelle, regard, attitude...) et le paraverbal (ton employé, hésitations, pauses...). Sachant que « *le type de relation influence de façon déterminante le sens donné aux informations et l'issue de l'échange* », je dirais donc que la relation me paraît primordiale, car « *créer le rapport, c'est créer une relation de reconnaissance et de confiance mutuelle* ».

Il est en effet indispensable d'établir un climat de confiance afin de pouvoir échanger dans le respect de chacun et dans la sérénité. Accueillir l'autre, accueillir ce qu'il est, tout simplement, en se centrant sur lui et en étant à la fois neutre (sans désir de projections) et chaleureux, c'est un art à cultiver. Le coach est pour moi le jardinier, la relation le jardin, et le coaché le fruit de la semence, à condition que la fécondation ait été judicieusement menée. « *Tout le monde croit que le fruit est l'essentiel de l'arbre quand, en réalité, c'est la graine* » nous dit **Nietzsche**. Ce n'est pas rien d'entrer en relation avec quelqu'un pour la première fois, et cela renvoie chacun à son histoire personnelle, à toutes les premières expériences qui n'ont peut-être pas toujours été bien vécues. Ceci est aussi une question d'attitude et d'état d'esprit que de se préparer à recevoir. Recevoir quelqu'un cela s'anticipe psychologiquement, intellectuellement et physiquement. Pour ma part je fais toujours un exercice de mise en condition : respiration, relaxation, circulation de l'énergie, etc. Je me prépare à cet instant d'échange, d'écoute et de partage, comme l'on arrange une belle table pour recevoir ses amis. Je lis ou écris une petite trame de travail qui fait partie de mes repères, comme le marin étudie sa carte marine pour optimiser au mieux son temps de navigation et ne pas finir en naufrage. Même quand j'ai l'habitude de travailler sur un sujet, je prends toujours le temps de poser ce moment « *d'avant-propos* ». La répétition de ce mode de fonctionnement fait que l'essentiel est imprimé dans mon inconscient. Je suis attentive à m'organiser pour prendre ce temps, et c'est pour moi comme un moment sacré. Cette mise en condition fait, pour moi, partie intégrante de la séance de travail, et est déjà une passerelle pour approcher et rencontrer l'autre. Comme la première rencontre n'a pas de consistance propre en soi, puisque l'on ne sait pas encore de quoi l'on va parler, cette « *préparation à l'accueil* », de l'ordre de la cérémonie, va créer une densification et mettre en place un socle énergétique sur lequel va s'appuyer « *l'entre-deux de la relation* », ce qui va permettre la mise en route d'un équilibre dynamique dans le rapport, ce que je pourrai nommer « *la connexion* ». Cela va aussi aider à mon positionnement juste et à rendre plus efficace mon accompagnement, qui sera de fait plus vivant ; quand la personne arrive, je suis déjà dans la séance, et donc entièrement disponible à elle, à ce pour quoi elle vient me rencontrer. Comme dit le proverbe chinois « *Il faut soigner les débuts* » et garder à l'esprit que « *rien n'est jamais acquis d'avance* ».

Avant la première rencontre, un processus c'est déjà amorcé qui a poussé la personne à prendre rendez-vous, quelque chose de l'ordre de la pulsion ou de l'instinct. La première rencontre enclenchera donc l'entrée en matière de l'accompagnement coaching, et la qualité du lien qui va se créer va considérablement influencer la qualité du coaching à venir. Il faudra particulièrement soigner ce « *moment précieux* » qui permettra au client d'exprimer sans retenue tous ses questionnements, et à la conversation de se dérouler dans les meilleures conditions. C'est de la responsabilité du coach d'entrer en congruence avec son client afin d'établir une bonne relation pour sceller un « *pacte d'efficacité* ». Le coach perçoit et doit être capable de rendre son client visionnaire et convaincu de l'utilité et de tout l'intérêt de la démarche qu'il vient entreprendre. Son avenir lui appartient et c'est pour cela qu'il a fait cette démarche et qu'il est l'instigateur de cette première rencontre. Tout au long du parcours de coaching, on fera référence aux bases qui ont été posées au début de l'accompagnement, comme une référence, d'où leur importance.

Si les bases sont de qualité, la suite du coaching se poursuivra vraisemblablement de façon harmonieuse ; c'est comme les fondations d'une maison, tout peut s'écrouler ou rester vacillant si les bases ne sont pas solides ou ont été mal construites.

Être attentif, une des missions principales du Coach

Le coach doit être attentif à bien observer et à vérifier la cohérence du processus dont il est le facilitateur. Il adopte ce que l'on appelle la « *coach attitude* », ce qui va lui permettre d'observer finement la personne en accompagnement, et de déceler, à travers tous les messages (verbal, paraverbal et non verbal) qui lui sont transmis, si une personne est congruente ou incongruente, c'est-à-dire si elle est en accord ou non avec ce qu'elle dit, ce qu'elle montre et ce qu'elle fait. « *Bien écouter c'est presque répondre* » nous dit **Marivaux**, ce qui ne doit pas faire oublier au coach qu'il doit aussi être attentif à toujours reformuler avec précision, tact et adresse, afin de favoriser le rapport et la continuité de l'échange. Le coach se doit de créer un rythme conversationnel structuré qui permettra de ne pas partir dans tous les sens, et d'éviter ainsi les débordements, comme la bordure que l'on pose autour d'un cadre pour éviter que la peinture ne coule. Il adaptera sa voix (voix soutenue, voix douce...) et son langage (précis ou évocateur) à la situation en cours. Le coach sera également soucieux d'étudier un fait après l'autre, de procéder étapes par étapes, comme on élabore un jeu de construction, ce qui l'aidera à identifier plus aisément les difficultés. Il fera attention à ne pas laisser une situation se figer en phase de blocage, et devra savoir puiser rapidement et efficacement dans sa boite à outils pour attraper l'outil idéal qui correspondra au besoin du moment [**PNL** (*G), **AT** (*G), etc.]. Le coach doit être préoccupé par l'idée d'insuffler à son client la notion de « réussite accessible », tout en restant conscient de la limite de ses propres compétences, ce qui n'est pas contradictoire en soi. Pour ne pas mettre le client en insécurité, le coach veillera à toujours respecter une certaine distance entre lui et son client, ni trop près, ni trop loin. Au moment de commencer un accompagnement coaching je suis toujours attentive à ce que la personne ait bien mesuré ce à quoi elle s'engage, afin qu'elle n'ait pas l'impression, peu de temps après le démarrage, qu'elle s'est « *trompée de crémerie* ». Il est essentiel aussi que le futur coaché soit informé de la confidentialité du travail envisagé, et qu'il soit conscient qu'il s'engage dans l'action de l'objectif que je vais l'aider à déterminer. Le travail s'effectuant sur une courte durée et dans un but précis, la personne doit se sentir engagée dès le début, dès l'instant où elle a donné son accord. Je suis attentive aussi à sécuriser la personne qui pourra peut-être ressentir de la peur, une fois qu'elle a accepté de « *se lancer dans l'aventure* », peur de se retrouver sans filet de sécurité comme lorsque l'on se lance dans le vide. Je clarifie encore et toujours le fait que la responsabilité des décisions incombe à la personne qui entre en accompagnement coaching. Je prends soin aussi d'insister sur le fait que je vais aider mon client à mettre en lumière des modes de fonctionnement, que je vais l'aider également à être plus autonome et confiant en ses capacités et en son potentiel.

L'action coaching s'appuie sur les expériences acquises par la personne pour faire un lien entre la situation du moment présent et l'avenir désiré, je vais donc dès le commencement aider la personne à se projeter dans du positif désiré, du concret palpable, et la motiver en mettant en relief ses points forts sans la dévaloriser face à ses points faibles. Personne n'est parfait, « *il vaut mieux fortifier ses points forts que combler ses points faibles* » nous dit **Bernard Werber**. Le coaché doit se sentir soutenu et sécurisé tout en ayant bien conscience qu'il est responsable de l'évolution de son projet et que c'est lui qui trouvera ses propres solutions. Il a le choix « *de décider* » entre plusieurs options qui s'offrent à lui. Il est essentiel de laisser entrevoir que, pour entreprendre, il faut déjà s'engager dans la bonne direction : « *Si* *tu ne sais pas où tu vas, tu risques de mettre longtemps pour y parvenir* » énonce un **Proverbe Touareg**.

C'est à tout cela que je prête attention au moment de commencer un accompagnement coaching : se préparer à mettre toutes les chances de son côté, vérifier que toutes les bases sont clairement posées afin que, confortés dans nos rôles respectifs de coach et coaché, nous puissions regarder ensemble dans la même direction pour façonner l'avenir. Comme le dit **Léon Gambetta**, « *L'avenir n'est interdit à personne* », alors il est bon de savoir que l'on peut agir si on le veut, et qu'il suffit parfois simplement d'oser. Écoutons aussi **Pierre Dac** quand il nous dit : « *l'avenir c'est du passé en préparation* » ainsi que **Voltaire** qui nous rappelle que « *Le présent accouche, dit-on, de l'avenir* ».

Que doit trouver le client dans un accompagnement coaching ?

Dans l'accompagnement coaching le client doit trouver une réponse à ses questions, l'atteinte de son objectif, de la créativité, le respect de sa personnalité, la confidentialité, l'acquisition enfin d'une nouvelle manière de fonctionner qui va l'aider à gagner en autonomie,. Cela se fera si le coach a réussi à instaurer un climat de confiance. Les pierres angulaires qui vont soutenir le client sont : une écoute attentive, l'empathie, l'absence de jugement, la validation des solutions. Chaque séance de coaching est un moment privilégié pour le client qui doit avoir la possibilité de discuter de tout ce qui le préoccupe, ceci afin de pouvoir faire le tri dans ses divers questionnements et évacuer ce qui l'encombre.

Après une séance réussie, le client est inévitablement plus léger, débarrassé des fardeaux encombrants qui se sont dilués, entre deux mots, dans l'entre-deux de la relation. Une séance réussie c'est un client satisfait du résultat qu'il a obtenu, sentiment comparable à celui ressenti après le grand nettoyage de printemps d'une maison surchargée... Au cours de l'accompagnement, le client doit acquérir la certitude qu'il a en permanence accès à de nombreux choix, et que de décider de ne pas avoir le choix c'est aussi un choix ; comprendre aussi qu'il n'est interdit par personne d'avoir confiance en soi, et que refuser d'avoir confiance en soi c'est aussi un choix ; apprendre enfin à mettre en conscience « *réflexions* » et « *mode de fonctionnement* » pour aller vers plus d'autonomie consentie.

Le changement pousse au changement, et, irrémédiablement, à une situation succède une autre situation. Il est donc important que soit consciemment intégré le sentiment que tout est renouvellement dans l'apprentissage, apprentissage dont l'échec fait aussi partie. Eh oui, on apprend également en se confrontant parfois à l'échec, car il est rare que, d'un point de départ à un point d'arrivée, la ligne soit toute droite tracée, sans l'ombre d'un obstacle.

Pour trouver une nouvelle manière de lire sa carte du monde et d'en tirer profit, le client doit donc trouver, grâce à un accompagnement correctement adapté à son profil, l'équilibre entre les trois pôles de son fonctionnement : pensées, ressentis, comportements. Acteur de sa vie, le coaché doit rencontrer la possibilité de prendre conscience de ses croyances limitantes et les identifier. Le coach donne du grain à moudre tout en aidant le client à agrandir sa vision du monde. Grâce à l'utilisation optimisée des ressources et au développement de sa richesse, le coaché se retrouve en capacité de « mieux prêter attention » pour faire plus judicieusement fructifier sa carte aux trésors, et remplacer ainsi ses croyances par un cheminement personnel choisit. Le coach doit aussi aider le client à utiliser de nouveaux outils et lui faire découvrir comment les utiliser, afin qu'il puisse modifier lui même ce qui ne lui convient pas. Il est indispensable aussi que les feedbacks du client soient entendus et que le coach tienne compte de ce qui lui est renvoyé. Une personne bien écoutée aura la sensation d'être comprise, ce qui facilitera grandement son apprentissage à acquérir une nouvelle façon « *d'envisager* » le monde.

Les tâches inter-séances

Entre les séances, des tâches inter séances peuvent être demandées au client. Elles font partie intégrante du plan d'action qui aura été défini par le coach, car elles participent au processus de dynamique ascensionnelle. Elles vont permettre d'introduire de manière pertinente chaque nouvelle séance. Dans cette relation de partenariat, le client est responsable du contenu, de la matière avec laquelle le coach va travailler, et le client est aussi responsable des étapes de son développement.

Prescrire des tranches inter séance, c'est mettre le client au coeur du processus de transformation, c'est le responsabiliser dans sa démarche, c'est lui offrir le moyen de s'approprier son projet, d'y prendre totalement part en s'impliquant d'une manière constante d'une séance à l'autre. Les tâches inter séances vont permettent de cadrer le travail, d'effectuer le suivi, d'évaluer l'évolution de la situation, de créer du lien, de reprendre « là où on c'est arrêté ». Cela créera l'opportunité, à chaque début de séance, de faire le point sur les actions en cours. Dis-moi : « Qu'as-tu fait depuis notre dernière séance ? », ou bien « Où en est-on resté ? ». En fonction de la réponse, le coach pourra savoir si le client a été ou non dans une dynamique d'action indispensable au changement.

Étapes coaching et Résistances

Les freins au changement peuvent être d'ordre affectif (la peur dans toutes ses dimensions), psychomoteurs (manque d'énergie, de volonté...) ou intellectuels (manque de stratégie...). Je vais donc aider la personne coachée à identifier posément la situation et tous les paramètres que cela implique. Est-ce un problème de comportement ou quelque chose de plus profond qui touche à l'identité ? La résistance est-elle consciente, inconsciente ? Est-ce qu'elle vient directement de la personne ou de son environnement ? Il est indispensable d'identifier la ou les causes pour savoir sur quel levier je vais intervenir. Je vais faire prendre conscience à mon client que la résistance est inhérente au changement. « *Aller vers le nouveau* » c'est abandonner ses habitudes, abandonner le connu, et cela fait peur. Il y a des seuils à franchir, et les étapes sont importantes, voire fondamentales : « *Pour ce qui est de l'avenir, il ne s'agit pas de le prévoir, mais de le rendre possible* » nous dit **Antoine de Saint-Exupéry**.

Je vais aider le coaché à verbaliser ainsi qu'à transformer son point de vue et sa manière de voir les choses. Je vais aider l'aider à séparer la peur de l'émotion liée aux expériences passées, l'amener à comprendre qu'il faut apprendre à dépasser ses limites tout en les acceptant, comprendre également que cela prend du temps et induit des changements de repères. Je pose aussi la question : qu'est-ce que la personne coachée ressent face à cette situation ? Qu'est-ce qu'elle découvre et apprend de différent quand elle ose agir, quand elle s'imagine avoir atteint son objectif, quand elle passe les résistances ? « *Tous les changements, même les plus souhaités, ont leur mélancolie* » nous dit **Anatole France**. Comme le dit **André Malraux** : « *L'homme est ce qu'il fait* ». L'action est donc primordiale, mais il faut aussi accepter d'agir sans vouloir tout contrôler, accepter la part du rêve et la part du mystère, faire confiance à demain, accepter de construire sur l'imprévu, c'est aussi ça le charme de la vie.Quand on est dans une situation d'impasse, il y a des forces en opposition, une force qui pousse pour s'engager dans le changement, et une contre force qui résiste de peur,de quitter la zone confortable du connu, de l'habitude. « *On ne peut pas être en même temps responsable et désespéré* » nous dit encore **Saint-Exupéry**.

L'homme est acteur de son changement. Si la personne coachée prend vraiment conscience qu'elle est le moteur de son changement, cela peut déjà débloquer une partie de la situation. Quand on dédramatise son rapport au changement, tout devient plus facile, plus accessible. Apprendre à prendre du recul cela peut être aussi d'adopter une position dissociée pour avoir un nouveau point de vue, afin obtenir un nouvel éclairage de sa situation et trouver de nouvelles solutions. La personne va réaliser que quand elle change, l'environnement change aussi, et que finalement elle intervient sur beaucoup plus qu'elle. Elle fait « *bouger le monde* », car en agissant elle interagit au monde, et tout devient différent. Ainsi, fort de sa responsabilité, le client pourra faire, en toute consciente, le point sur ce qu'il gagne et sur ce qu'il perd, car l'un ne va pas sans l'autre. La personne prend conscience qu'il y a des phases et les accepte : la phase de déconstruction de la réalité pour dépasser les blocages, la phase de déplacement pour mettre en pratique, et la phase de reconstruction d'une nouvelle réalité pour avancer. Elle prend conscience aussi qu'il peut y avoir en elle deux parties qui sont en conflit, en désaccord, deux parties qui s'opposent et que ce n'est donc pas elle la responsable, mais une partie en elle. Cette manière de fonctionner peut venir de l'enfance et cela va déculpabiliser le coaché. Pour réussir à dépasser les résistances et obtenir un résultat probant il faut donc mettre le client au coeur de l'intervention, pointer le mode de fonctionnement sans stigmatiser, ce qui n'empêche pas de cadrer et de hiérarchiser les difficultés, déculpabiliser donc tout en responsabilisant. « *Les espèces qui survivent ne sont pas les espèces les plus fortes, ni les plus intelligentes, mais celles qui s'adaptent le mieux aux changements* » dit **Charles Darwin**. Le résultat final sera donc, une fois les différentes options explorées, de passer à l'action en acceptant de se transformer, à l'intérieur et à l'extérieur de soi. « *Le présent n'est pas un passé en puissance, il est le moment du choix et de l'action.* » **Simone de Beauvoir**

Les outils du Coach

Pour moi, l'outil fondamental du coach est la reformulation, et lors d'une séance, on pourrait presque n'utiliser que cette approche couplée à la synchronisation. Je trouve très intéressant la synchronisation qui permet d'établir, d'optimiser et de consolider le rapport, ce qui améliore considérablement l'échange relationnel : c'est un formidable outil d'ouverture et d'adaptation à l'autre. Il est fondamental d'être accordée, d'être en résonance avec les personnes qu'on accompagne. Il est nécessaire de préparer chaque nouvelle séance en imaginant pouvoir éventuellement utiliser tel ou tel outil en fonction de l'avancement du processus, tout en restant ouvert et disponible à suivre le client là où il va nous emmener. Il faut apprendre à s'adapter à lui en fonction de ses demandes, attentes et besoins, sans peur, juste être prêt à interagir, à inventer, et à faire du neuf avec ce qui est là. La **PNL (*G)**, dont je suis praticienne, devient vite aussi une seconde nature et on finit par y penser constamment, comme quelque chose qui fait partie de nous.

Une multitude de protocoles s'offre au coach pour parfaire son accompagnement coaching et connaître les outils sur le bout des doigts facilitera grandement la tâche du coach. Chaque protocole à son intérêt et on piochera dans sa boîte à outils en fonction de sa personnalité d'accompagnement, en fonction de la personnalité du demandeur, et en fonction de la problématique rencontrée. Rien n'est figé dans cette approche coaching dans laquelle on cultive l'art de rebondir. L'utilisation du « *métamodèle* » qui permet, par exemple, de reformuler d'une manière claire et précise, est une aide précieuse pour faire avancer un accompagnement. J'ai remarqué comment cela interpelle les personnes coachées quand on les amène à dire le mot le plus important pour elle, justement celui qu'elle n'arrivait pas à dire et qui va être le déclencheur de la mise en action. J'aime beaucoup « *Le Cercle d'Excellence* » qui est une technique d'ancrage spatial utilisée en **PNL** (***G**), et qui permet à une personne de se sentir bien à un endroit donné si elle en a besoin. « *La ligne de temps* » est aussi un outil que j'utilise régulièrement et qui permet de visualiser l'avenir ou de rééquilibrer passé, présent et futur. « *Le générateur de comportement* » peut par exemple s'utiliser pour une personne insatisfaite de sa manière de fonctionner tout en ayant un problème de relation à son image ; les « *signes de reconnaissance* » aident à faire le point sur la gestion des émotions que l'on véhicule dans notre façon d'être en relation, avec nos attentes parfois disproportionnées, et nos mécanismes de défense souvent inconscients. Le modèle « *Score* » me plaît beaucoup, car il permet d'amplifier la motivation à atteindre l'objectif visé. C'est un modèle de résolution d'objectifs qui peut s'utiliser pour travailler sur des freins ou des doutes. Le « *squash visuel* » qui a des similitudes avec la négociation entre parties est un outil d'accordage qui va aider à résoudre des conflits internes. Il fait pour moi également partie de la boite à outils des indispensables, ainsi que le « *recadrage en 6 points* », utile quand une personne est tiraillée à l'intérieur d'elle même, que ce soit au niveau mental ou même physiquement (mal de dos, mal de tête). Il en va de même pour le protocole « *des niveaux logiques* », le protocole des « *positions de perception* » et « *l'ancrage* » **dont j'aborde le sujet plus loin dans ce document**.

On peut aussi travailler autour de la notion de talents, et le protocole « *points forts et des points faibles* » permet au coaché de réaliser qu'il a du potentiel en réserve, qu'il a des atouts sur lesquels il peut s'appuyer, et qu'il vaut mieux renforcer ses points forts que de chercher à combler ses points faibles ; « *L'Identification des besoins* » aide à vérifier que les projets sont bien en adéquation avec le projet de vie des personnes coachées ; « *La gestion des priorités* » peut aider un client à mieux s'organiser et à faire le point sur ce qui est le plus important pour lui à effectuer ; « *Se mettre en action* » permet de vérifier la motivation et le mode de fonctionnement face à l'action ; « *Le cercle de la réussite* », afin d'accroître la motivation à agir pour réussir, aide à comprendre comment savoir utiliser son savoir-faire, à réaliser tout ce qui a déjà été accompli et réussi. J'aime beaucoup aussi « *les grilles du modèle d'Hudson* » qui est un modèle de transition. Ce modèle aide à réaliser que nous vivons des cycles comme la nature vit des saisons, c'est-à-dire que nous sommes dans un mouvement constant, et qu'il est donc important de trouver un sens à tout ce que nous vivons, quoique nous fassions. Afin de pouvoir être accordé aux différentes phases qui jalonnent notre vie, il est essentiel de visualiser l'avenir avec des objectifs concrets, ceci pour gagner en stabilité et en harmonie face au changement qui est constant en nous et autour de nous. « *La Roue de la vie* », un outil qui a des points communs avec la grille n°4 de **Hudson**, peut être utilisée pour accorder vie professionnelle et vie personnelle. « *Nettoyage système* » permet de faire un nettoyage complet de son système interne à l'image d'un ordinateur. On visualise notre système interne comme un ordinateur et on met à la poubelle, selon un protocole bien précis, tous les fichiers qui nous encombrent. On va utiliser le protocole « *des Niveaux Logiques* », qui se présente un peu comme une marelle, pour identifier à quel endroit se situe la zone de blocage d'une personne dans une situation spécifique. C'est un protocole que l'on peut adapter pour le faire à distance, par téléphone ou par **Skype**. Les coachings par **Skype** se déroulent d'ailleurs très bien, et c'est beaucoup plus confortable qu'on ne pourrait l'imaginer de prime abord. Je trouve cela plus intéressant que le téléphone, car la face et le regard étant liés à la voix, je peux ainsi récolter beaucoup plus d'indices utiles pour le déroulement de mon accompagnement. Lacan dit aussi que la voix et le regard vont ensemble, et il est vrai que c'est beaucoup plus porteur de voir son client et de pouvoir lui parler en le regardant, bien que l'on passe par le Net. D'ailleurs, je propose même des exercices de respiration et de relaxation du genre « lâcher-prise » qui fonctionnent parfaitement. Mais revenons au protocole « *des Niveaux Logiques* ». Agir dans un environnement, c'est mettre en route un système complexe qui existe dans un système encore plus vaste que nous-mêmes et que tout ce qui nous entoure. Quand un homme agit dans son environnement, il le fait dans un contexte précis, en relation avec d'autres personnes. Pour cela, il adopte un comportement qui découle d'un objectif fixé, ce qui va mettre en jeu des attitudes, va toucher à son savoir-faire et à ce qu'il est, à la manière dont il va développer des stratégies. On va utiliser ce protocole pour surmonter des obstacles grâce à la mise en lumière du mode de fonctionnement à chaque étage de la pyramide. Ceci va permettre de recueillir des indications précieuses, indications que l'on va pouvoir hiérarchiser, ceci afin de trouver la réponse la plus adaptée à la difficulté rencontrée, en dépassant par exemple des croyances limitantes, en vérifiant également qu'aucune valeur n'est heurtée, ce qui pourrait être source de conflit. Ce protocole va permettre à la fois d'obtenir une vue plus globale du problème tout en aidant en même temps à identifier à quel niveau se situe la difficulté. C'est un outil organisateur, mais aussi un outil diagnostic qui va aider la personne à s'aligner dans sa totalité, en accord avec son contexte environnemental. L'alignement des niveaux logiques va permettre de remobiliser le client. Le principe général est qu'en intervenant sur une dimension du problème, cela va permettre de résoudre les blocages à un autre niveau, et plus on agit en haut dans la pyramide, plus cela agira en profondeur. C'est aussi en intervenant à un niveau supérieur que l'on va résoudre les problèmes qui se situent en dessous dans la hiérarchie. On pourra mettre « *la pyramide de Maslow* » en parallèle, car une personne qui n'est pas sécurisée ne pourra pas s'élever et passer les différentes étapes. On peut utiliser ce protocole pour vérifier si le client est en cohérence avec son objectif, avec son projet, avec ses valeurs, avec son identité, et il est donc intéressant de le faire à la séance qui suit la détermination de l'objectif, car ce protocole peut remettre en cause l'objectif. Cependant, si un client oublie ses tâches inter-séances ou de venir à une séance, on pourra proposer ce protocole pour le remotiver. Ce protocole permet aussi de dédramatiser quand un client dit que rien ne va plus. On va alors aller ensemble, coach et coaché, effectuer le parcours de l'ascension progressive, afin de relever les éventuels désaccordages, et pour que la personne concernée prenne ainsi conscience qu'elle a toutes les solutions à portée de main, qu'il lui suffit juste de trouver la bonne méthode pour y accéder. « *L'ancrage* » est un stimulus sensoriel qui va permettre d'apporter une aide à une personne qui rencontre une difficulté. On l'utilise quand une personne a besoin d'une ressource, comme par exemple être à l'aise pour parler en public. La personne va aller rechercher dans son vécu, dans l'expérience qu'elle a acquise, cette ressource qui est liée à un état interne ou à un comportement, ressource dont elle ne dispose pas à l'instant où elle souhaiterait en bénéficier. L'ancrage va l'aider à créer une association interne, mais il faut faire attention à poser l'ancre au moment où la personne revit le plus intensément et émotionnellement l'expérience avec laquelle elle entre en connexion, afin que l'ancrage soit efficace et reproductible. L'ancre est souvent kinesthésique, c'est-à-dire qu'elle correspond au toucher (par exemple une main que l'on va poser sur une épaule), mais elle peut aussi être auditive, visuelle, gustative, olfactive, ce qui est intéressant quand on accompagne quelqu'un par téléphone ou par

Skype, et qu'on ne peut pas le toucher. Le grand intérêt de l'ancrage c'est que le nombre potentiellement disponible d'ancres est infini et que l'état qu'une personne recherche et qui lui fait défaut, à un moment donné, existe dans sa boîte à souvenirs, ou chez quelqu'un qu'elle peut identifier.

Il n'y a plus qu'à aller activer le lien pour transformer l'état désiré ou le comportement recherché en ressource. L'autre avantage de l'ancre est que le client peut y accéder à volonté en fonction de ses besoins, et qu'elle se pose en une seule fois pour rester disponible et donc réutilisable. C'est une technique précise qui répond à certains critères et doit aussi être testée, mais une fois effectuée, elle est aisément transportable avec soi – système de l'antenne portative –, ce qui est étonnement pratique et simple d'utilisation pour emporter un état interne ou un comportement dans le futur. On peut donc poser une ancre pour aider une personne à retrouver un état interne, mais on peut aussi effectuer un ancrage par rapport au contexte, pour aider une personne à se comporter de la manière dont elle le souhaite dans une situation donnée, voire même désactiver une ancre négative – système de l'antenne relais –, par exemple dans le cas de conduites addictives. L'ancrage intervient un peu partout pour débloquer une situation, pour apporter une bouffée d'oxygène, pour obtenir la ressource positive qui manque pour la poursuite du processus, à condition d'utiliser correctement et précisément l'outil. Il est même possible d'empiler les ancres au même endroit, mais il faudra être vigilant, dans cette recherche d'harmonisation, à empiler des états similaires.

Chaque personne construisant son modèle du monde en fonction de son mode de perception et de son mode d'interprétation, le protocole « *positions de perception* » va permettre d'explorer d'autres points de vue que le sien. Cela va aider le coaché à adapter et à réguler son discours afin de mieux s'accorder à son environnement relationnel. C'est une technique que l'on va utiliser quand une personne à un problème avec sa manière d'entrer en relation avec son environnement, par exemple lorsqu'une personne vit une situation conflictuelle avec un tiers, ou s'il lui est difficile d'oser demander quelque chose auquel elle tient. Ce protocole peut être mis en lien avec le protocole « *des Niveaux Logiques* », car il est aussi lié à l'environnement, mais ici on intervient à un autre niveau en ce qui concerne le comportement. Il y a trois positions que le client va tour à tour visiter : sa propre position au cours de laquelle il va être associé à la situation et voir de ses propres yeux, une deuxième position où il sera associé à l'interlocuteur auquel il s'adresse, ce qui va lui permettre de ressentir ce que ressent son interlocuteur, et enfin une troisième position qui est la position de l'observateur neutre qui regarde et observe de loin. La seconde position va aider à trouver comment adapter son discours de façon plus pertinente puisque chacun à une façon particulière de se comporter qui lui est propre et lui apporte des avantages. On ne réagit pas toujours avec quelqu'un dans le but de le contredire, mais souvent parce qu'il y a des bénéfices secondaires à agir ainsi, ce que l'on peut nommer une intention positive. La troisième position est une position « *méta* » qui va permettre au client de prendre du recul afin d'observer tranquillement son mode de fonctionnement pour trouver la solution qu'il recherche, pour réaliser aussi ce qu'il peut améliorer dans son mode relationnel. Faire le tour d'un questionnement dans ces différentes positions, va considérablement ouvrir le champ des possibles. On agit toujours mieux quand on connait l'existant, d'autant plus si on obtient les moyens de pouvoir anticiper une situation à venir. Ce protocole apparaît donc comme un outil privilégié pour se préparer à une négociation.

Gérer le changement

D'un côté il y a des règles à respecter, d'un autre côté il faut prendre en compte le fait que le coach accompagne un processus, ce qui veut dire que rien n'est prévu à l'avance, et qu'il faut aussi savoir accueillir ce qui est, c'est-à-dire accueillir le présent, ce qui se passe dans l'ici et maintenant, et qui va conduire au futur construit. Les changements induits par l'accompagnement coaching créé des bouleversements plus ou moins importants qui peuvent entraîner de l'instabilité chez son client. Aucun changement n'est anodin, et un coach se doit d'être apte à aider son client à gérer le changement. Il y a des phases dans un cycle de changement, avec des périodes de transition. Au cours du processus, on assiste parfois à l'expression d'un comportement qui montre que la personne est en train de s'approprier une certaine forme d'autonomie, qu'elle s'autorise à accéder à une certaine forme de liberté. Il arrive qu'elle taquine fortement ses limites pour dépasser les obstacles et découvrir quelles sont ses marges de manœuvre. En fin de compte c'est une façon de se sécuriser, car sans limites il n'y a plus de frontières, c'est l'absence de référentiel, synonyme de grand vide. Cela peut être également le signal que ce n'est pas le moment pour elle de poursuivre, l'accompagnement coaching ayant touché à des mécanismes sensibles de la personne qui a donc besoin de faire un break, pourquoi pas...

Comme le dit *Vincent Lenhardt* dans son livre « au coeur de la relation d'aide » :
« *tout changement se heurte à des résistances, car il exige d'abandonner des attitudes, des comportements, des systèmes de représentation devenus inadaptés. Il suppose d'accepter la perte d'attachements anciens, acceptation nécessaire pour pouvoir réinvestir son énergie dans de nouvelles relations.*» Vincent Lenhardt nous

explique qu'il va falloir donner du sens au travail de deuil du changement pour accéder à l'autonomie, en mettant en mots, en apprenant à méta-communiquer sur ce qui est en train de se vivre : comprendre la cause (« le pourquoi »), la finalité (« le pour quoi »), et la signification du changement. Clarifier en passant par le sens va aider à dépasser la peur de l'inconnu associée au changement à venir. Il est indispensable aussi que le client ait une conscience plus aiguë de sa propre responsabilité. Il va donc s'agir d'aborder cette séance en mettant la personne face à sa propre responsabilité, sans jamais entrer, de quelque manière que se soit, dans une relation d'affrontement, tout en ayant à l'esprit qu'il y a une intention positive « *au coeur des systèmes de défense de la personne* ». Les êtres humains sont complexes, et il est indispensable d'avoir conscience qu'il est toujours possible d'aborder une situation sous des angles différents. La carte n'est pas le territoire, et en tant que coach je suis invitée à rencontrer l'autre dans son modèle du monde. Les ressources sont dans la personne : je vais donc chercher, par le questionnement, à éclaircir la situation, et également à m'adapter pour comprendre. Puis, quand nous aurons résolu ce que je peux nommer « l'énigme du moment », je fais en sorte que nous trouvions une solution qui puisse nous convenir à tous les deux. Mon intention va donc être de recadrer. J'ai plusieurs options possibles, et je vais choisir en fonction de ce que va me dire mon client. Voici les différentes options auxquelles je pense : je peux proposer « *l'alignement des niveaux logiques* » qui va permettre de remobiliser le client. Ce protocole est intéressant aussi pour remotiver un client qui oublie une tâche inter-séance, de venir à une séance ou est en retard à ses séances. Le modèle « *Score* » est intéressant à utiliser en cas de doutes ou pour dépasser des résistances face au changement, surtout qu'il permet, « d'amplifier la motivation à atteindre l'objectif visé ». Le « *squash visuel* », lui, peut aider à résoudre des conflits internes, et « *la Négociation entre parties* », que l'on peut comparer « *au recadrage en six points* » est utile pour une personne qui oscille entre deux attitudes ou deux comportements apparemment incompatibles entre eux. Comme le « *recadrage en six points* », qui est un protocole utilisé lorsqu'une personne est tiraillée à l'intérieur d'elle-même, et donc pour aider une personne à se défaire d'une attitude alors qu'elle pense que c'est impossible, « *la Négociation entre parties* » fait prendre conscience au coaché qu'il y a toujours une intention positive sous-jacente, dont elle tire des bénéfices secondaires.

« *L'entretien de remobilisation* » permet, lui, de remobiliser le client en direction de son objectif en pointant sa responsabilité, tout en l'aidant à rechercher des solutions. On peut aussi prospecter autour de la gestion du temps, de l'identification des besoins, de la gestion des priorités, de la notion de mise en action, de la responsabilisation, de la remotivation, utiliser le protocole « *se mettre en zéro parasitage* », si le client se laisse envahir par les différents domaines de sa vie et que cela épuise toute son énergie. Les pistes à explorer sont nombreuses. Avec sa boîte à outils à disposition, le coach fait en fonction du contexte et de ce qui sera formulé par son client. Et il adapte sans cesse son intervention pour être le plus finement possible en capacité à accompagner son client dans son évolution, en route vers son futur conscient. Je vois d'ailleurs mon client comme un véritable champion qui sait surfer sur la vague du mouvement perpétuel de l'existence, mais aussi nager en eau profonde, en eau douce, au creux de la houle, plonger, resurgir, faire l'étoile de mer, accélérer, reprendre des forces, accoster... et qui, surtout, sait encore et toujours se renouveler, à son propre rythme. « *"J'apprends à dépasser mes limites : les moments de résistances ne signifient pas que nous sommes arrivés au bout du chemin, mais seulement au bout de ce que nous connaissons. La résistance ne nous montre pas la fin de la route, mais seulement un seuil à dépasser."* » nous dit **Ronald Mary**

Détermination de l'objectif coaching

Un objectif sert à mettre en place une action. On ne peut pas enclencher un travail sans savoir exactement dans quelle direction aller : « *Vivre sans but, c'est naviguer sans boussole* » nous dit **John Ruskin**. L'objectif est le point de départ de l'accompagnement et va être le moteur qui va mobiliser et motiver la personne à aller vers la réalisation. C'est l'objectif qui va permettre au coaché de se mettre en mouvement pour parvenir au but visé. Ainsi il n'est plus dans le flou. Une fois l'objectif déterminé, il n'y a plus qu'à se donner les moyens de l'atteindre. Pour cela il va falloir cadrer, clarifier les besoins et les attentes, évaluer la faisabilité, considérer les avantages positifs que cela va apporter à la personne coachée... On ne se mobilise pas pour quelque chose d'insignifiant, il faut que l'objectif ait un sens fort pour le coaché, car c'est l'enjeu, l'importance de l'enjeu qui va tenir le client en éveil, prêt et surtout déterminé au changement.

Il faut bien distinguer but et objectif, ce n'est pas la même chose. L'objectif coaching est un comportement externe, c'est ce que l'on a choisi de réaliser, d'accomplir, ce que l'on veut vraiment, ce qui nous permet d'avancer, d'évoluer, alors que le but c'est les bénéfices que l'on va acquérir grâce à l'objectif qui aura été déterminé. Donc, comme je le disais, le but visé n'est pas l'objectif, mais c'est l'importance des avantages que l'on envisage d'obtenir en atteignant le but souhaité qui va donner la motivation à réaliser son objectif. Il y a deux types principaux d'objectifs, les objectifs généraux et les objectifs spécifiques, et il faudra donc bien clarifier la demande pour ne pas se tromper de direction, sinon l'accompagnement coaching ne manquera pas de tourner en rond, au risque de définitivement s'enliser. Il n'y a rien de pire que de focaliser toute son attention et de déployer toute son énergie vers un point donné, alors qu'en réalité le « coeur » veut autre chose ; il y aura obligatoirement conflit à l'intérieur de la personne qui ressentira les discordances entre son désir et son action, et sa démarche sera vouée à l'échec. Un objectif général va toucher à une problématique plus globale par exemple d'accorder sa vie professionnelle à sa vie personnelle, alors qu'un objectif spécifique est un objectif de performance, par exemple de participer au marathon de New York sans baskets, pieds nus, oui, certains l'imaginent possible ! Il est important d'avoir à l'esprit qu'un questionnement d'objectif est un état des lieux de la situation.

Une fois que l'objectif sera trouvé il faudra aussi le valider, c'est-à-dire vérifier qu'il appartient bien à la personne (qu'il n'est pas dicté par son entourage), qu'il n'entraîne aucun inconvénient, ni pour le client, ni pour les autres personnes mises en relation avec l'objectif, ce qu'on appelle écologie en **PNL** (*G), et que l'on puisse aussi évaluer l'accomplissement de cet objectif en fixant une date de référence, une date butoir. Quelles sont aussi les chances de réussite ? Voici encore une question importante. Il est indispensable que la personne évalue au moins à 8, sur une échelle de 1 à 10, sa capacité à réussir ce qu'elle « *désire* » entreprendre, sinon elle ne sera pas assez motivée pour se mobiliser. Une personne doit aussi être en accord avec son objectif, objectif qui doit à la fois rentrer dans sa réalité et également ne pas la déstabiliser : « *il faut ajuster le rêve et la réalité.* » Il sera par exemple difficile pour quelqu'un qui a peur du vide et qui a le vertige, de se fixer comme objectif de sauter à l'élastique, parce que toute sa famille et ses amis le font. Cela risque de trop chambouler la personne, ce qui n'est pas le but du coaching, bien au contraire. Le coach va donc aider le client à relier son objectif au but final à atteindre, et va aussi vérifier toutes les conséquences du changement. Vouloir quelque chose est abstrait, cela n'a pas de consistance en soi, alors que réaliser quelque chose est concret et va pouvoir être jaugé. Définir un objectif c'est donc répondre à des critères. L'objectif coaching prend aussi en compte les valeurs et les croyances de la personne. L'objectif doit être précis et contextualisé, réalisable, écologique et mesurable. Enfin l'objectif sera couché par écrit, contrat daté et signé, afin de transformer l'intention en engagement : une ou deux phrases courtes qui vont évoquer une intention positive (motivation) et affirmative, qui ne dépend que de soi, intention introduite par un verbe d'action par exemple : « je veux réussir à grimper en haut de la Montagne aux

Fées au mois de juin prochain. » On utilisera des termes positifs, donc pas de négation ni de dévalorisation par exemple : « je ne veux plus avoir peur pour pouvoir grimper en haut de la Montagne aux Fées au mois de juin prochain. » Les critères de fin de l'accompagnement seront les critères d'atteinte de cet objectif.

Accompagnement coaching : peaufiner son ouvrage

« *Vingt fois sur le métier remettez votre ouvrage, polissez-le sans cesse et le repolissez* » comme nous dit **Boileau**. Rien ne coule de source, et il est nécessaire de travailler, de réfléchir et de pratiquer pour intégrer et « *faire soi* » tout ce que l'on apprend. Et bien sûr ne pas mettre la charrue avant les boeufs... Comme toute chose bien faîte, il faut commencer par le commencement : « *l'homme qui déplace une montagne commence par déplacer les petites pierres* » dit **Confucius**. Coach, je ne crois pas qu'on le devient, c'est une seconde nature, ce qui n'empêche pas de parfaire sa pratique.

« Il n'y a de certitude que le changement » dit un proverbe chinois

Ce proverbe vaut enseignement autant pour le coach que pour le coaché. Effectivement, tout est en mouvement, alors je dirai que le changement ce n'est pas maintenant, mais que le changement c'est tout le temps, à la fois à l'intérieur de nous, et à la fois en dehors de nous. Tout peut changer et change à tout moment alors, comme nous le rappelle l'effet papillon, il est important d'être conscient qu'on ne peut rien changer pour soi qui ne change quelque chose pour l'autre, car tout, même la plus petite action, à une incidence sur notre environnement et sur ce que nous sommes. Si le changement est constant, nous aussi on change, car nous évoluons avec le temps. On dit même que nos paroles, voire même nos pensées, peuvent être toxiques, alors soyons vigilants et oeuvrons positifs. Il ne s'agit pas de subir comme si cela était toujours de la faute des autres, de la faute à pas de chance, mais d'accepter que le changement est inéluctable, et que tous les changements viennent de nos transformations intérieures et de notre capacité à nous adapter à notre environnement. Avec les temps modernes - TGV, avions, internet, etc. - tout va de plus en plus vite, et il est donc essentiel d'apprendre à s'adapter. La fréquence vibratoire de la Terre s'élève aussi, ce qui accélère encore plus le temps. Il faut dont accepter que rien n'est stable, c'est un fait. « *Chaque homme doit inventer son chemin* » nous dit **Jean-Paul Sartre**, et il donc nécessaire d'être à l'écoute du flux qui passe, et de savoir prendre le bateau en marche. On ne maitrise pas le flux qui passe, on l'accompagne, dans un esprit d'ouverture, toujours prompt à agir, à réagir et à interagir. « *Les pas ne conduisent pas seulement vers le but ; chaque pas est un but* » dit **Alain.** Avancer donc, sans discontinuer, dans une progression constante et constructive, et ne pas avoir peur. Et oui, dit ce proverbe Bulgare, « *C'est en trébuchant qu'on apprend à marcher* ». **Ronald Mary** nous raconte aussi que « *L'esprit humain recherche toujours le confort de ce qu'il connaît déjà. Pour grandir, il nous accepter de changer nos idées toutes faites pour d'autres, plus adaptées à notre vie actuelle ; mais aussi accepter de renoncer à ce que nous croyons savoir* ». S'inscrire dans le chemin de la vie, dans l'évolution humaine, c'est reconnaître que nous ne pouvons être parfaits, sans failles, et c'est aussi apprivoiser et adopter le changement : « *partout nous recherchons l'être achevé, et toujours nous ne trouvons que des changements* » selon **Ralph Waldo Emerson**.

Ne pas avoir peur donc d'accepter ce qui nous est offert, ne pas s'accrocher à ce que l'on veut, mais comprendre que le changement devient juste un moyen d'arriver à l'objectif que l'on s'est fixé. Si on accepte l'idée qu'il n'y a de certitude que le changement, on ne se sentira plus limité par tout ce qu'il faut mettre en place pour atteindre un but, cela coulera de source. Le changement cela s'apprend, cela se travaille, cela se mérite, et comme l'a si bien dit le **Bouddha** : "*De toutes les empreintes de pas, celles de l'éléphant sont les plus larges ; de toutes les réflexions, la plus importante est celle qui porte sur l'impermanence.*"

PSYCHOPÉDAGOGIE VOCALE

Et si j'étais ma voix ?

Depuis toujours la Voix (***G**) est le moteur de ma vie ; j'irai même jusqu'à dire « *l'Essence* » (***G**) de mon existence. Chanteuse, je me définis aussi comme une « accompagnatrice par la dynamique vocale et énergétique ». La voix, qui met en mouvement dans l'espace, est porteuse de dynamique. La voix est aussi énergie (***G**), car elle recharge le cerveau, à l'image d'une dynamo ; c'est ce que l'on appelle la recharge corticale. Ce que je privilégie avant tout dans mon accompagnement c'est la qualité relationnelle que j'engage avec l'autre. En effet, chaque échange est unique, comme un don que l'on accomplit envers l'autre à un instant « donné ». On oublie trop souvent l'importance de la voix et sa place dans la relation à l'autre, ce qui est capital dans la communication de tous les jours. Tout ce qui est dit est entendu : je suis sujet qui parle et objet entendu, car l'autre est le réceptacle de mon dire. Il est donc essentiel d'offrir à soi et à l'autre la plus belle harmonie ! La voix de l'autre a d'ailleurs toujours été pour moi facteur d'échange et de partage, un vecteur d'intégration aussi. Comment je prends ma place par rapport à ce que j'entends et qui m'est formulé ? Les mots et les vibrations que l'on me transmet sont-ils caressants, agressifs, empathiques, indifférents ? La personne est-elle à l'aise ou sur la défensive ? Quelle place me laisse la personne qui communique avec moi ? Et moi, suis-je suffisamment à l'écoute et accueillante ? Entrer en relation n'est pas si évident. Toute la question se résume à : « comment on s'accorde à l'autre ? », dans le respect de chacun et dans le respect de l'histoire de chacun ? Et si, tel le vent qui pousse le nuage, libre, sur son chemin, le souffle du coeur à l'écoute pouvait être le vecteur pour unir les esprits ? Tendons l'oreille déjà si le coeur n'y est pas entièrement, c'est toujours un premier pas ; et écoutons au moins ce qui a envie de s'exprimer, ce qui veut se dire, car se sentir écouté c'est déjà se sentir compris. « *Parler est un besoin, écouter est un talent* » **Goethe**

Écoutons **Denis Vasse** : « entendre quelqu'un c'est recueillir, dans le fond silencieux de soi, les modifications les plus subtiles ex-primées dans l'espace aérien par l'activité la plus intime de l'autre. Laisser résonner la parole d'un autre implique nécessairement le suspens de tout raisonnement. »

Pas étonnant, donc, que j'ai choisi, pour partager ma vie, un compagnon de cœur musicien et chanteur. Il se trouve également que j'ai un oncle chanteur **Pierre Selos** (***WPV1**) qui, indéniablement, a marqué mon parcours de son empreinte ; j'aimais ses chansons à textes et ses paroles engagées.

J'ai toujours chanté, et lorsque j'étais enfant - 4/ 5 ans -, j'avais mon rocher attitré sur lequel je chantais face à la mer. Ma mère a toujours chanté aussi pour le plaisir ; et on sait que le fœtus est très tôt influencé par les sons (***G**), puisqu'au cours de la gestation, dès le quatre mois, le premier organe terminé est le système auditif. L'enfant prend plaisir à résonner, à vibrer, et à réaliser qu'il est le « Maître émetteur-récepteur » de ce plaisir vocal qu'il se donne. Il découvrira ensuite le plaisir des harmoniques en chantant à l'école avec ses camarades de classe. S'il rejoint une chorale, lieu de vie par excellence, il aura l'opportunité de développer la socialisation, la confiance en soi, le positionnement, l'adaptation, l'écoute, la synchronisation, l'attention, et d'acquérir plus de dynamisme ainsi qu'une meilleure énergie.

Depuis l'enfance je gazouille donc ma joie d'être là, tout simplement et, comme le dit si bien **André Gide** : « *dans le chant le plus naïf, pour peu qu'il soit chanté d'une voix pure et naturelle, il peut se rencontrer telle note si exacte, si bien placée, si éloquente, qu'elle semble contenir toute la vérité de l'homme et toute l'harmonie de l'univers.* »

Je viens de la scène Rock Alternative que j'ai choisi comme moyen d'expression, afin de jouer ma propre partition et de laisser libre court à ma créativité. Parallèlement à cet itinéraire musical, j'ai toujours développé ma voix, de la chanson française au lyrique, en passant par les voix du monde et le Roy Hart (***G**), sans oublier le Yoga du Son. Je suis devenue « prof de chant » parce qu'on me l'a demandé, et j'ai tout de suite cherché à créer ma propre approche de façon à m'adapter aux spécificités de chacun. Et surtout j'étais guidé par le fait que je ne trouvais aucun prof de chant qui acceptait de m'aider à travailler sur mes propres morceaux. C'était toujours la même rengaine : vocalises, vocalises et vocalises, et très peu de corporel. J'ai quand même beaucoup appris, et aussi beaucoup cherché et expérimenté de mon propre chef.

Avoir une formation de documentaliste m'a aussi bien aidé pour aboutir dans mes recherches, faire le tri, et créer ma propre façon d'accompagner. Mon positionnement était plutôt de répondre à une demande plutôt que de proposer un service. C'est comme cela que j'ai commencé, dans les années quatre-vingt-dix, en individuel, puis pour des groupes en ateliers et en théâtre, sur des spectacles, afin d' accompagner des comédiens autour de la technique vocale et du chant.

J'ai découvert auprès de *Jacques Bonhomme*, directeur de l'école de Psychophonologie « **Pleine Voix** » (***WPV2**) d'autres points de vue concernant l'approche vocale, ce qui a considérablement enrichi ma pratique. Cette exploration de nouveaux espaces qui a fait le lien avec mon expérience a globalement transformé ma vision de l'acte vocal et touché mon être dans son essentiel. Comme aime à le dire *Jacques Bonhomme*, « *la voix draine la matière émotionnelle* », ce qui en fait un formidable outil de développement personnel. Il dit aussi au sujet du chant : « *utilisé comme outil de centration, le chant devient la plus haute expression de soi-même. Il recharge l'homme en énergie... Le corps qui chante, c'est l'être essentiel qui sourit à travers l'homme dans son entier.* »

Un des éléments emblématiques de ma pratique de psychopédagogue de la voix et de la parole est le « *Bilan psychovocal* » ou « *Bilan audiopsychovocal* » pour lequel j'ai été formé au cours de mon cursus de Formatrice en expression vocale avec *Jacques*. Ce bilan s'effectue en trois temps : un entretien, un test d'écoute effectué avec un audiomètre, et une exploration de la voix. Le « *bilan audio-vocal* » est un bilan de la voix et de l'expression lié à l'écoute, conçu par *Alfred Tomatis* auteur notamment du livre "*l'Oreille et la voix*". Il dure environ 1h30. Le test d'écoute va permettre de mettre en perspective des mécanismes psychovocaux et linguistiques. A l'image d'un cliché photographique, il va offrir une représentation d'un instant « T ». En aucun cas il ne sera représentatif d'un bon ou mauvais fonctionnement vocal. Il sera simplement le point de repère « personnel », sur lequel s'appuyer pour orienter l'accompagnement psychovocal, et on pourra s'y référer pour évaluer les transformations induites par l'apprentissage vocal qui sera mis en place. On pourra, selon les besoins, effectuer de nouveaux tests pour pointer l'évolution des mécanismes phonatoires, car ce test ne donne pas le résultat d'un mode de fonctionnement définitivement figé. Ce test va fournir des informations précieuses à cinq niveaux : le niveau corporel, le niveau émotionnel, le niveau de l'expression, le niveau relationnel et le niveau des apprentissages.

Pour ma part je connaissais déjà bien l'approche **Tomatis** puisque j'ai effectué plusieurs « *rééducations Tomatis* » au centre de Montpellier dans le but de développer ma pratique vocale de façon optimale. Toutes ces séances effectuées sur plusieurs années m'ont énormément apporté et c'est pourquoi je suis tout à fait convaincu du bien-fondé de cette méthode.

L'accompagnement que je propose est ouvert à tous ceux qui souhaitent optimiser leur voix, qu'elle soit parlée ou chantée, et harmoniser leur mode de communication. Avec également pour objectif, peut-être, de découvrir et de s'approprier le plaisir d'entrer en résonnance raisonnée, c'est-à-dire une résonnance choisit et non subit ! Une des clés du bonheur pour moi ! Ce qui m'anime au cours de l'accompagnement que j'effectue, c'est de faire du « sur mesure », et de m'adapter au moment présent, pour soutenir l'éclosion et favoriser le jaillissement.

J'anime également des stages en groupe sur des thématiques comme « *A l'écoute de la voix* », « *Voix ouverte, à la recherche de sa posture idéale* », « *Voix et créativité* »... Rencontrer sa voix, c'est s'autoriser à embrasser sa différence, à entrer en relation consentie avec sa spécificité. Stages « *Autour de la Voix* » donc, avec Voix synonyme d'expression, ce qui passe de fait aussi par l'écriture et la Poésie. Un temps pour écrire ses mots, les mots de sa voix intérieure, et un temps pour les dire et les déguster en partageant leur rayonnement sonore : cris, chuchotements, rires ou sanglots, sans oublier les silences au rythme de la respiration. Tout sera dit, ni plus, ni moins. Dix minutes souvent suffisent pour écrire les mots du jour, empreints de notre humeur, les mots que l'on porte parfois comme des fardeaux ; on les couche sur le papier, plus ou moins ordonnés, les uns contre les autres, puis on les dit, à sa manière, avec emphase, dans les cris ou le chuchotement : et Hop ! Voilà que dans l'espace ils prennent vie, s'engouffrant dans chaque interstice de l'environnement qui tend l'oreille et écoute, suspendus ; confettis de voyelles, éclairs de consonnes, éclaboussures de syllabes, pour que naisse et s'épanouisse la « Symphonie du sens que l'on a voulu, que l'on a choisi d'incarner ». Instant Acté, symbiose du « *Je suis ma Voix* », et la tension retombe, libératrice. « *C'est toujours les voix qui restent, au final, c'est aussi toujours par elles que ça commence, une voix plus une oreille ; deux fils de soie impalpables et un pavillon.* » **Jean-Jacques Schuhl** *(extrait d'Ingrid Caven)*

En annexe (**p.112**), je propose quelques exemples de textes que j'ai écrits rapidement comme des symboles qui actent le temps. Textes sonores, « Messagers » de l'instant présent. Ils sont les témoins d'un ressenti, de la vie qui s'écoule : recueillement, souffrance, hommage, rencontre... ; textes inventés pour les dire et les faire résonner, dans une approche que l'on peut qualifier d'Art-thérapie ; textes que l'on écrit comme chemin de passage : une mise à distance préparatoire à la mise en bouche qui va suivre par l'incarnation des mots dans le corps et l'espace. Le temps de l'exposition et de la mise en scène sera le reflet des émotions qui vont surgir et traverser le corps pour la transcendance finale : être en mouvement, accueillir et laisser passer, flux et reflux incessants de la vague qui polie rocs et coquillages, rejetant sur le bord de la plage, l'écume de son avant.

ONDOLINE® DISPOSITIF BREVETÉ

« Marque et modèle déposés »

L'Ondoline® (***G**) est un autre atout de mon activité de coach en développement personnel. C'est un outil que j'affectionne tout particulièrement, car il m'a beaucoup apporté au niveau de mon évolution énergétique. Je l'ai testé pendant deux ans au quotidien, et ce dispositif a été pour moi un allié précieux. Je considère l'Ondoline®, dont je suis, suite à d'étonnantes synchronicités, l'heureuse ambassadrice, comme ma synergie. La première fois que j'ai rencontré l'Ondoline®, c'est au cours de ma formation de psychopédagogue de la voix (***G**) et de la parole, lors de mon assistanat au côté de *Jacques Bonhomme*, auteur de « *la voix énergie (*G)* ». *Dominique*, une des stagiaires présentes dans la salle, souffre de déficience auditive, ce qui entraine des problèmes de justesse liés à une perception défaillante du son. Elle n'entend pas l'aigu, alors Jacques lui pose sur l'oreille droite un appareil qui ressemble à un énorme téléphone blanc sans touches, et qui lui fait comme un retour sur l'oreille. Et miraculeusement, elle émet un son juste. Je fus instantanément intriguée par le « phénomène Ondoline® ». *Michel*, un autre stagiaire qui a annoncé en début de stage « je chante faux, je ne sais pas chanter », rencontre effectivement de grandes difficultés d'émission. Lorsque Jacques approche de son oreille droite une volute Ondoline®, la qualité de l'émission sonore se trouve fortement améliorée. Et Michel le ressent vraiment. Quelques instants plus tard, *Jacques* lui tend une seconde volute à destination de son oreille gauche. Paré de ses deux volutes, comme deux immenses oreilles futuristes ouvertes au Nouveau Monde de l'écoute, *Michel* chante juste pour la première fois de sa vie. Non seulement il s'entend parfaitement bien, mais il retransmet parfaitement bien. Je suis stupéfaite ! Décidément, il me faut cet outil si intrigant. Une fois la journée terminée, je vais dans l'armoire de *Jacques* en quête de

44

cette fameuse Ondoline®. Une étiquette est apposée dessus et je note les coordonnées. Malheureusement, je ne pourrai donner suite à mon désir, car la société qui s'occupait de distribuer l'Ondoline® n'existe plus. Je suis déçue, tant pis ! Et puis, sept mois plus tard, un intervenant de la formation de *Jacques* ressort l'Ondoline® du placard au cours d'une formation au chant harmonique. Certains de mes collègues n'entendant pas leurs harmoniques (***G**). L'intervenant leur propose d'utiliser une volute Ondoline® et l'effet est immédiat. Je suis à nouveau convaincu qu'il me faut cet outil pour l'utiliser dans mon travail d'accompagnatrice par la dynamique vocale et énergétique. Je ne sais pas encore comment je vais faire, mais je veux acquérir cet outil. Et finalement, le destin va me sourire. En faisant des recherches sur l'oreille et son fonctionnement, je vais finir par trouver, de manière totalement imprévue, les coordonnées de l'inventeur de l'Ondoline® et entrer en contact avec lui. La vie est vraiment surprenante. Ma plus jeune fille va aussi me faire remarquer que l'Ondoline® est déjà dessinée sur mon flyer « énergie vocale ». C'est incroyable ! C'est un flyer qui a été élaboré pour moi par quelqu'un qui ne connaissait pas l'Ondoline®, et avant que je ne m'en occupe. De plus, j'ai la même charte graphique, c'est fascinant ! Je suis entrée dans l'Odyssée Ondoline® comme par évidence, sans calcul et sans préméditation.

Voici Quelques Témoignages

Marie-Michelle : « *J'ai découvert avec plaisir ces volutes que j'avais vues sur ton site. Le soir même où je les ai récupérées, j'ai expérimenté et cela a été assez surprenant. J'ai ressenti une détente profonde .*

J'ai lu plus attentivement les conseils pour le mode d'emploi et j'ai réduit la durée des séances. Les effets positifs ont été rapides. J'ai constaté une amélioration de ma respiration. Mes sinus sont devenus moins sensibles à certaines sources d'allergies. J'ai proposé à Magaly d'utiliser l'Ondoline suite à des réactions allergiques. J'ai de fait débuté une séance de sonothérapie avec l'Ondoline pendant environ 5 à 6 minutes au total. Elle a tout de suite ressenti un mieux-être. Je continue mes séances et j'en suis satisfaite. Je pense continuer à utiliser l'Ondoline en début de séance de sonothérapie, car elle permet une détente rapide, je vais aussi travailler la voix chantée. »

Magaly : « *Je viens d'essayer l'Ondoline®* » *de Marie-Michèle et j'en ai eu tellement de bien : respiration stabilisée, cœur calmé, tension artérielle calmée,* *que je souhaiterai faire l'acquisition d'une Ondoline® dès que possible »*

Béatrice : (Surdité bilatérale congénitale, environ 40% en filtre coupa-bande dans les fréquences usuelles)

« Pour les exercices de diction je préfère utiliser la coque plutôt que mes appareils :
> *- je ne suis pas gênée par les embouts et leur pression dans le conduit auditif*
> *- le son est plus doux, plus naturel, moins parasité par le bruit du souffle*
> *- j'ai la sensation d'avoir une meilleure perception de ce que je fais*

Un petit inconvénient, il est difficile de tenir à la fois le tube, la coque et le papier et de garder le corps droit pour que cela soit confortable. Il est nécessaire d'avoir un support pour le papier à hauteur des yeux.»

Claire : *« La première impression est assez désagréable, car je me suis sentie enfermée dans un espace clos ; j'ai eu l'impression que j'allais manquer d'air. C'est surtout lors de la deuxième utilisation (et après avoir passé de nouveau cette impression d'être enfermée), que j'ai senti une réelle différence. Ma respiration avait changé sans que j'en prenne conscience. Elle était plus calme, plus régulière, plus profonde et j'étais détendue. »*

Isabelle : témoignage tiré du site de mon ami ***Nico Milantoni*** (***WO1**) qui travaille en thérapie sonore avec la méthode **Hipérion** (***WO2**) et qui utilise l'Ondoline®
- Je me suis intéressée à l' Ondoline lorsque j'ai enfin décidé de m'intéresser à ma respiration, car ce que beaucoup de personnes semblent faire ou font naturellement n'avait, pour moi, rien de naturel.

J'avais remarqué que je bloquais souvent ma respiration : je faisais beaucoup de choses en apnée, même du sport!
Un kiné avait observé que mon système énergétique était "coupé".
Bref, j'avais de quoi faire et n'avait pas de piste sérieuse avant de découvrir l'Ondoline.

Mon expérience est celle d'une reconnexion avec mon corps par le canal de ma respiration.

Au-delà du côté apaisant, sont assez vite arrivées des images de mon système interne tel que je ne l'avais jamais visualisé auparavant.

Associées à une pratique sportive et à des exercices de respiration régulée (respiration cohérente cardiaque), les séances d'Ondoline ont été très bénéfiques sur la réappropriation d'un rythme naturel de respiration.

En annexe on pourra lire un témoignage sur une suite de séances (**p.117**), et trouver également le questionnaire à remplir qui permet de noter les effets ressentis lors de l'utilisation de l'Ondoline® (**p.125**)

A l'origine

Alain Deschamps est l'inventeur de ce « dispositif pour l'audition naturelle et complète des *fréquences de la voix (*G)* et de la respiration », dénommé Ondoline®.
L'Ondoline® est constituée de deux volutes préformées à section parabolique adaptées à la morphologie humaine. Grâce à sa section parabolique et à sa forme particulière, chaque volute conduit à l'oreille l'intégralité des fréquences (**G*) (sons et ultrasons (**G*)) émises par la respiration nasale. Elle peut être utilisée en couplant les deux volutes ou en les utilisant séparément.
Comme je l'ai dit plus haut, j'ai testé ce dispositif sur moi durant plusieurs mois, et je l'utilise depuis très régulièrement tant je suis convaincue de son efficacité. L'utilisation de l'Ondoline va permettre d'augmenter la relaxation, la récupération, et d'élever le taux vibratoire.
Les mesures ont été faites avec deux appareils différents pour la détection des ultras sons émis par les chauves-souris : le Bat Box III et le D 980 de Petterson.

Les indications sont multiples et la liste n'est pas exhaustive : relaxation, diminution du stress, augmentation de la perception acoustique, développement des capacités vocales, augmentation de la concentration, baisse du rythme cardiaque, amélioration des échanges gazeux, détente corporelle globale, augmentation de la libido...mais aussi la rééducation de l'oreille, de la voix, de la parole... son intérêt est grand dans de nombreux domaines.

Avec l'**Ondoline®**, vous apprendrez à découvrir, aimer et apprivoiser votre voix. Cette coque, scientifiquement profilée, renvoie directement et sans distorsion toutes les fréquences sonores émises. Votre voix, qu'elle soit parlée ou chantée, s'améliorera au fil de l'utilisation de l'Ondoline®.

Une seule volute sera utilisée pour aider au placement de la voix, avec une écoute amplifiée qui permet de travailler en finesse sur l'ensemble de son spectre vocal. On peut parler là « d'auto-écoute ». L'Ondoline® rendra donc de grands services pour préparer une conférence, apprendre un texte ou une poésie, pour les personnes pressées ou qui ont des difficultés à mémoriser ou à s'exprimer. Nous avons de bons résultats pour corriger les problèmes d'élocution, de bégaiement, de manque de confiance, pour le développement de la voix chantée qui gagne en ouverture et en amplitude, pour les personnes ayant des problèmes de surdité... L'Ondoline® offre un retour qui permet de raccourcir la boucle audiovocale, notamment pour les personnes qui ont tendance à écouter avec l'oreille gauche. Il faut savoir que l'oreille droite est l'oreille directrice pour la grande majorité de la population. Elle est le chef d'orchestre qui dirige et organise toute la coordination phonatoire et tous les agencements musicaux. Et si l'on part du principe que, comme le dit Alfred Tomatis, la voix n'émet que ce que l'oreille entend, l'intérêt semble tout de suite très évident.

Entre deux patients, l'Ondoline® peut aussi se révéler une aide précieuse pour une recharge express ou un nettoyage énergétique des praticiens. Comme le dit Jean-Louis Servan-Shreiber, « Il faut apprendre ses langues intérieures, car une grande partie de la vie se passe entre soi et soi-même. » Il est donc essentiel d'apprendre à mieux respirer à soi, à mieux s'écouter pour mieux s'entendre, ce qui va permettre d'être plus audible, plus présent, pour s'ouvrir enfin à mieux entendre l'autre à travers soi.

Utilisation de l'ONDOLINE® dans la version volute unique

Pour travailler plus spécifiquement l'aspect vocal, on va utiliser l'ONDOLINE® dans sa version simple avec une seule volute. L'utilisation d'une seule coque favorise le développement de la voix, mais permet également à certaines personnes d'apprendre à aimer leur voix en prenant le temps de la percevoir et de l'apprivoiser. L'ONDOLINE® aide à mieux entendre les harmoniques de la voix, et permet aussi de corriger l'émission parfois fausse des personnes qui ont du mal à répéter des sons (parce qu'elles n'écoutent pas, parce qu'elles pensent qu'elles chantent faux, parce qu'elles n'émettent pas leurs sons en conscience, etc.) ou ont une audition affaiblie... Pour développer sa voix, on va prendre une coque et s'exercer à murmurer, à parler ou à chanter en ajustant la coque comme le feraient les oreilles d'un chat. En fonction de l'intensité de la voix émise, on écartera l'Ondoline® de l'oreille. On travaillera de préférence avec l'oreille droite qui est l'oreille directrice de la grande majorité de nos concitoyens. Et rappelons nous l'adage de Jacques Bonhomme, auteur de « La Voix Energie » : *« Avec l'Ondoline® la voix s'affine ».*

L'utilisation séparée des volutes permet de latéraliser l'effet de l'ONDOLINE®. La volute conduisant les sons et ultrasons de la respiration nasale à l'oreille droite, va d'abord produire un effet sur le côté droit du corps et réciproquement pour un usage à gauche.

Le logo en forme d'oreille permet de repérer quelle extrémité il faut placer au niveau de l'oreille.

Comme nous l'avons vu plus haut, pour la pratique du chant, il faudra éloigner progressivement la volute de son oreille afin de trouver la distance de résonance optimale.

Avec l'utilisation de l'Ondoline, la voix deviendra plus puissante et plus belle, car plus riche en harmoniques. La forme parabolique de l'ONDOLINE® réfléchit toutes les fréquences de notre respiration et de notre voix, comme la voûte remarquable d'une église romane ou cistercienne, édifices ayant une excellente acoustique.

Utilisation de l'ONDOLINE® dans la version «volutes couplées»
Pour travailler plus spécifiquement l'aspect détente : harmonisation du souffle, énergétisation globale, centration..., on va utiliser les 2 volutes de l'Ondoline® dans sa version « volutes couplées ».

« L'écoute du flux ventilatoire nasale avec l'Ondoline® va permettre d'apaiser le rythme respiratoire. Cela s'accompagnera d'une baisse rapide de la fréquence cardiaque et relâchera les tensions du corps ». Il faut s'attendre à une relaxation totale du corps et de l'esprit. Une utilisation régulière augmentera les sens perceptifs. Il est essentiel cependant de rester toujours très attentif à la perception de la respiration nasale et plus particulièrement lors de l'inspiration pour notamment ressentir le plaisir d'être lié à sa respiration. Retrouver son identité fréquentielle, c'est découvrir ou redécouvrir le son d'une respiration pour ré-alimenter l'être humain.

L'usage de l'Ondoline® est simple : il suffit de s'allonger confortablement dans une pièce calme, un coussin sous les genoux et un autre sous la tête. Ajuster ensuite l'Ondoline® au niveau des oreilles et sous le bout de votre nez, puis se laisser bercer par sa respiration nasale, la plus légère et la plus douce possible. Sans oublier surtout de se concentrer sur son écoute.

Il est conseillé de placer un coussin relativement épais (ou plusieurs) pour relever la tête afin de caler les coques Ondoline®. On peut également placer un coussin sous les genoux pour détendre le dos.

Le système doit être mis en place en ajustant les deux volutes pour que celles-ci puissent envelopper le visage et surtout se positionner entre le nez et les oreilles.
Le logo en forme d'oreille permet de repérer quelle extrémité il faut placer au niveau de l'oreille.

Inutile donc de lutter contre son envie de sieste : utilisez l'Ondoline®, la sieste sera plus courte et plus bénéfique.

Il est important de placer le bord supérieur des volutes sur le bout du nez ou au début de la crête nasale afin de dégager un espace libre pour la circulation de l'air. Cet espace n'altère en rien la perception du son.
Une fois l'ajustement trouvé, on peut assembler les deux volutes par l'intermédiaire de deux pinces.

Une fois les volutes mises en place, on va adopter une respiration nasale et uniquement nasale la plus douce et la plus calme possible. Il y a un temps d'apaisement relativement court. On doit observer que notre rythme respiratoire diminue rapidement, qu'un apaisement se produit et que le rythme cardiaque diminue. Dès que l'on ressent le moindre désagrément, il est préférable d'interrompre la séance momentanément. Il peut être normal de ressentir des fourmillements, notamment dans le bas ventre; c'est signe que des influx parasympathiques arrivent dans le péritoine et les muscles lisses de l'intestin. Si celui-ci émet des sons comme des gargouillis, c'est que notre transit intestinal se rétablit.

Dans un premier temps il ne faut pas effectuer une utilisation trop prolongée de l'ONDOLINE® ; 5 minutes peuvent suffire, le temps maximum étant de 20 à 30 minutes.

Si toutefois le désagrément persiste, il est possible de désolidariser les volutes et de n'utiliser qu'une volute à la fois avec une perception fine et attentive du souffle nasal lent et régulier.

Il est préférable de placer la pointe de la langue dans sa position physiologique (léger contact de la pointe de la langue sur la partie antérieure du palais, juste derrière les incisives supérieures), et de chercher simplement à desserrer les dents et à relâcher la mâchoire. Une fois les volutes ajustées, il suffit de mettre les mains sur le ventre, doigts croisés ou les bras le long du corps dans un état d'abandon. La tête doit être relevée

Autres exemples d'utilisation

Asthme : pour l'asthme cela va améliorer les échanges gazeux et despasmer, mais pas pour autant stopper les crises. Bien qu'il y ait différents types d'asthme, l'utilisation de l'Ondoline® ne peut qu'être bénéfique en tout cas.

Acouphènes : pour les acouphènes l'utilisation de l'Ondoline® les arrête souvent totalement pendant la durée des séances. Ensuite cela dépend s'ils sont récents ou anciens, mais un travail à long terme d'écoute et de vocalisation en bouche fermée (en douceur) et vocalisation de voyelles pas trop forte avec l'Ondoline® peut apporter un plus.

<u>Prothèse auditive :</u> pour les personnes portant une prothèse auditive ont a aussi d'excellents résultats. Voir les témoignages de personnes souffrant de problèmes auditifs. Par contre l'Ondoline® ne sert à rien pour les personnes ayant un implant.

<u>Travail énergétique :</u> Pour accompagner la pratique de Qi gong, yoga, méditation, etc. Faire des étirements puis utiliser l'Ondoline®. L'Ondoline donne de l'énergie et touche au système para sympathique : écoute et perception de la respiration.

<u>Renforcement du travail de détente :</u> en position couchée, on peut aussi mettre des boudins de piscine dans le dos — un boudin plus long et trois boudins plus petits — et, dans cette position, respirer dans l'Ondoline.

On placera un boudin d'une longueur de 50 à 55 cm sur la colonne vertébrale et trois autres boudins plus courts sur la zone coccyx / lombaires, au niveau des dorsales (chakra Cœur /Plexus) et sous la nuque. Le boudin placé sous la nuque pourra être un peu plus long que les deux autres. Il suffit de les scier à la taille souhaitée.

Temps et fréquence d'utilisation
Séances de 10 à 20 minutes qui peuvent se prolonger jusqu'à 30 minutes ; au-delà de ce temps, il ne se produira pas d'effet supplémentaire.

Dans un premier temps, ne faites pas une utilisation trop prolongée de l'Ondoline® et surtout prenez le temps de trouver votre propre rythme.

Il est conseillé d'effectuer l'action quotidiennement au moins 21 jours de suite, et si possible sur une période d'au moins trois mois.

L'usage de l'ONDOLINE® est préconisé au réveil et idéalement au moment de la sieste. Son utilisation en soirée peut, suivant les utilisateurs, générer des difficultés d'endormissement du fait de la stimulation cochléaire cependant nous avons également des témoignages inverses. A chacun donc de faire sa propre expérience. Utilisation de préférence le matin et dans tous les cas avant 19h pour les personnes qui se sentent très stimulées après un temps d'écoute. Dans la journée et le soir pour trouver le sommeil pour les personnes qui se sentent vite très apaisées. Pour ma part, l'Ondoline® ayant tendance à me stimuler fortement, c'est la nuit blanche assurée lorsque je l'utilise au coucher. J'ai effectué plusieurs tests étalés dans le temps et le résultat est toujours identique : je ne dors pas une seconde, et pourtant je ne suis pas particulièrement fatiguée le lendemain.

Effet indésirable ou nouvelle perception

Alain Deschamps, l'inventeur de l'ONDOLINE®, a mis en évidence l'existence dans la respiration humaine d'ultrasons dépassant 120 000 Htz. Ce sont des harmoniques de très faible niveau. La perception des sons et ultrasons de la respiration peut, les premières fois, donner une telle sensation de bien-être, qu'elle peut s'accompagner de sensations vertigineuses, de flottements, voire de palpitations et d'angoisses. C'est la nouveauté du phénomène qui est en cause.

Si, lors de l'usage de l'ONDOLINE® apparaît la moindre gêne, vous devez alors désolidariser les deux volutes pour n'en utiliser qu'une seule en alternant d'une oreille à l'autre.

Puis, progressivement, essayez de vous remettre en relaxation avec les volutes couplées.
Restez toujours très attentif à la perception de votre respiration nasale et plus particulièrement lors de l'inspiration.

Vous devez en particulier sentir le passage de l'air dans les fosses nasales et être attentif aux petits remous d'air que vous pouvez provoquer vers les terminaisons olfactives, comme si vous humiez délicatement un parfum très doux.

Conservez bien la pointe de langue en position haute, derrière les incisives, car ça favorise le passage de l'air dans le nez.

Contre indication

Si vous êtes suivi par un spécialiste, assurez-vous auprès de lui que l'usage de l'ONDOLINE® ne vous soit pas contre-indiqué en raison de votre état ou des médicaments que vous prenez par ailleurs.

Si une impression d'oppression, d'asphyxie ou de claustrophobie apparaissait, utilisez une volute à la fois ou désolidarisez les volutes pour laisser de l'espace entre elles en les tenant avec vos mains. Progressivement et à votre rythme, vous devriez pouvoir les assembler et en tirer tous les bénéfices.

Précautions d'emploi

Le matériau utilisé est un polystyrène qui entre dans le cadre des plastiques à but alimentaire et médical.

Si votre ONDOLINE® se fendille ou se fissure, ou si elle change d'aspect, cela n'a pas forcément d'impact sur l'effet conducteur du son, mais vous devez veiller à ce que les volutes ne puissent pas être blessantes.

Si vous remarquez quelque chose d'inhabituel sur les volutes par exemple une encoche, une zone plus pointue pouvant être gênante pour le visage, veuillez alors prendre toutes les précautions nécessaires pour ne pas vous blesser.

Si votre ONDOLINE® est trop fendue ou même cassée, vous ne devez plus l'utiliser ; remplacez-la alors par une neuve.

N'oubliez pas également de bien entretenir votre ONDOLINE® afin d'éviter tous types de désagréments. Quand vous ne l'utilisez pas, reposez toujours votre ONDOLINE® dans l'emballage fourni lors de l'achat.

Le système a été conçu pour votre utilisation personnelle. Veillez à la désinfecter régulièrement. Dans le cas où l'ONDOLINE® est utilisé par une autre personne, veuillez avoir le soin de la désinfecter avec des produits adéquats (eau savonneuse ou antiseptique) pour une nouvelle utilisation. Tenez le système à l'écart des enfants et des animaux domestiques. Si vous êtes le seul usager, le simple fait de l'essuyer avec des mouchoirs en papier peut suffire. Surtout n'utilisez jamais d'eau très chaude ni bouillante, cela endommagerait l'ONDOLINE® et rendrait son utilisation peu fiable ;

évitez toute source de chaleur importante (micro-ondes, four, radiateur, soleil.)

Conseil d'entretien de votre ONDOLINE®

Il est indispensable de bien nettoyer l'ONDOLINE® après chaque usage avant de la remettre en place dans sa boîte. Pensez régulièrement à la laver à l'eau savonneuse et éventuellement à la désinfecter avec des produits non corrosifs pour le plastique.

Le son : comme nous le dit **Alain Deschamps**, *« le son a un pouvoir organisateur sur les particules de matière et des effets bénéfiques sur les plantes, les animaux, les êtres. L'hindouiste dit que " ...le son est la parole même du silence " comme une nostalgie à la recherche de l'unité, une nécessité , une échappée du monde temporel.*
Les sons offrent toujours une opportunité de s'unir et d'approcher la vibration primordiale. Cette démarche d'écoute s'inscrit par une ouverture de l'être, un abandon qui doit aboutir à une vibration intime qui n'a plus rien à voir avec le plan temporel, mais qui se confond avec l'intraduisible légèreté de l'être.

En Inde, quand on veut parler du silence, on évoque une tête d'éléphant : de très grandes oreilles pour être à l'écoute de l'Autre et de l'Esprit, et une toute petite bouche pour ne pas nourrir son ego...

Alors, connectez-vous à votre souffle vital avec l'Ondoline®. Soyez à l'écoute de votre respiration et de votre voix et ouvrez vos oreilles à un monde d'harmonisation et de bien-être. »

On peut se procurer des volutes Ondoline® en me contactant directement via mon site La Clef d'Harmonie® **(*WO3)**

RELAXATION SONORE : SONOTHÉRAPIE

"Du Sommeil à l'Éveil"
« La sonothérapie, une forme de relaxation par les sons »

La Sonothérapie est un processus énergétique. Les fréquences (***G**) sonores vont équilibrer le système nerveux et aider au lâcher-prise. Les sons (***G**) ont un effet relaxant immédiat. Selon les fréquences ils ont un pouvoir harmonisant, dynamisant, aident au lâcher-prise, à équilibrer notre côté yin et yang, permettent le rééquilibrage automatique des méridiens... La Sonothérapie est une discipline qui va utiliser les sons, les fréquences et les vibrations (***G**) à des fins relaxantes et harmonisantes. C'est une méthode de relaxation, un processus surprenant qui apporte au corps ce dont il a besoin. Le corps, antenne réceptive, recueille les sons par l'intermédiaire de l'oreille, mais aussi de la peau et du système nerveux. Recevoir un son c'est entrer dans le déroulement d'un processus, c'est accepter de se rendre disponible à se laisser pénétrer par les vibrations pour accueillir l'action énergétique des sons et se préparer à leur intégration. La Relaxation sonore est une pratique vibratoire qui permet de recentrer l'être et de l'ouvrir à sa vraie dimension universelle. Le son ouvre le corps et il y a une résonance entre des fréquences sonores – audibles ou non – et l'état vibratoire – moléculaire – d'une personne. Si la vibration modifie la matière, on peut en déduire qu'elle peut transformer l'homme. La relaxation sonore est donc une porte vers la transmutation et l'évolution de l'homme par le travail vibratoire.

Maela Paul nous fait part de l'aspect actif de la relaxation sonore : « *la relaxation (médiatisée par la voix (*G) et le contexte musical) s'avère judicieuse pour retrouver l'état de veille auditive, qui est donc un état d'attention décrispée, d'ouverture bienveillante au monde. Elle ne saurait se résumer à une faculté de réceptivité... La relaxation peut être perçue comme réceptivité d'un message et conception de celui-ci dans le corps.* »

Le Sonothérapeute propose des séances de relaxation sonore en individuel, mais peut aussi effectuer des séances de méditation sonore guidée, ainsi que des concerts méditatifs ; moments de pauses partagées pour une expérience intense de pleine conscience. Selon ses besoins il utilise des diapasons, des bols tibétains, des instruments de musique, et bien sûr sa voix qui est un des outils essentiels de sa pratique. Il utilise aussi la chromothérapie, l'aromathérapie, la lithothérapie... Chaque partage sera unique, car le sonothérapeute travaille dans l'instant présent avec ce qui là, ici et maintenant (*G), et la propriété des sons va accélérer le processus méditatif. Lorsqu'il propose des séances de méditations sonores, le Sonothérapeute va mettre en son une méditation guidée en jouant en direct les instruments qu'il aura choisi d'utiliser pour cet accompagnement (monocorde, bols tibétains, guitare, cloches, flûte...). « *La méditation sonore est donc une méditation guidée qui utilise la propriété des sons thérapeutiques pour accélérer le processus méditatif* », comme l'évoque **Emmanuel Comte** directeur du **centre de recherches Medson (*WRS1)**. **Emmanuel** intervient d'ailleurs en chirurgie, dans des cliniques privées, en lien avec l'anesthésiste et le médecin, pour potentialiser l'anesthésie. Il est considéré comme faisant partie intégrante de l'équipe d'intervention. L'utilisation de la sonothérapie permet de faire baisser d'environ 50% les produits anesthésiants nous dit-il : « ainsi, on diminue aussi les risques pré-opératoires. Ce procédé potentialise les produits anesthésiants, et donc, bien que les doses fournies sont moitié moindre, le patient est tout autant endormi et ne ressent aucune douleur. Le réveil est facilité pour tous ceux qui ont reçu « le protocole Sonothérapie » avec beaucoup moins d'effets secondaires constatés. Suite à une opération, et dans le cadre d'un protocole médical, on peut également intervenir pour soutenir les patients en convalescence (amélioration du sommeil, du moral, de la cicatrisation, récupération plus rapide...), et pour accompagner les personnes en soins palliatifs (aide à dépasser la peur de mourir, aide au dernier voyage dans la sérénité...). Certains de mes confrères oeuvrent pour des cliniques privées et même à l'hôpital, mais les ouvertures sont encore très sporadiques. »

Durant les séances de sonothérapie, que cela soit en individuel ou en groupes, on utilise donc très souvent la voix. Avec des pratiques comme le « *Yoga du son* », qu'on appelle aussi "*chant des voyelles*" ou "*chant harmonique (*G)*", et le « *chant méditatif* », on va considérer la voix comme un outil d'investigation à l'intérieur de soi. On utilise son propre instrument, la voix qui, passerelle entre le corps et l'esprit, devient ainsi un outil privilégié pour relier Cœur et Pensée dans le respect de l'Âme. Le maître soufi **PirVilayat** alla même jusqu'à affirmer que « *le véritable pouvoir curatif du son trouve sa source dans le "chant des harmoniques", l'aptitude de celles-ci à nous relier à notre essence étant sans comparaison possible.* »

Le principe du chant harmonique est l'émission simultanée de deux sons en même temps, un son grave continu et un son dans l'aigu. Le chant méditatif quant à lui est un chant rythmé et voyellisant qui se transmet de bouche à oreille et que l'on va chanter dans la durée. L'oreille interne analyse et convertit les vibrations en potentiel électrique qui vont recharger le cerveau. Chanter est donc profondément énergétisant. Ces pratiques vocales, en nous recentrant, nous aident à trouver le calme, la détente et à atténuer le stress. La perception du silence en sera leur but ultime.

Une autre option dans l'exploration des sons liés à la voix est le massage vocal. Lorsque nous les écoutons ou lorsqu'ils sont utilisés lors d'une séance de massage vocal, la structure harmonique des sons se diffuse sur notre enveloppe corporelle et pénètre ainsi l'ensemble de notre être jusqu'à nos plus petites cellules. On utilise la voix pour effectuer un soin thérapeutique ou énergétique en utilisant par exemple les voyelles « O A È » ou « É O I ». On peut aussi proposer un massage vocal de type plus maternant qui consiste à chanter une mélodie tout autour du corps d'une personne, dans le but de stimuler son écoute et de développer ses systèmes de perception. Le récepteur ressent souvent cet instant comme un « moment fort » ce qu'il traduit parfois en prononçant cette courte phrase : « *on dirait un soin* ». Lors d'une séance de relaxation vocale, nous allons de fait aborder différents aspects inhérents à la pratique vocale : respiration, détente corporelle, posture, émissions de voyelles, écoute active, prononciation, centration, présence et positionnement.

A mes côtés vous pourrez par exemple pratiquer "*la méditation sur le son de l'essence*" qui consiste à accueillir et mettre en voix notre douleur, ou apprendre à créer votre propre "chant de vie". Le **docteur Mitchell**, auteur du livre "**Sons de guérison**", nous dit que ce chant de vie : « *ressemble à un mantra (*G) se composant de syllabes liées entre elles pour former une série vocale tout aussi unique à une* *personne que ne l'est son numéro de sécurité sociale. Ce "chant de vie" transforme les pensées, les jugements et les sentiments, qui se trouvent pêle-mêle à l'intérieur de soi, en une réalité parfaitement harmonieuse. Chanter notre chant de vie en jouant des bols dissipe donc cette cacophonie que les bouddhistes zen appellent "l'esprit de singe", faisant place à une expansion de conscience grâce à laquelle nous pouvons retrouver notre essence. (...) La transformation se produit beaucoup plus rapidement lorsque les sons du bol sont associés à l'expression vocale. »*

Déroulement d'une séance de relaxation sonore

Pour une séance collective, on proposera au public de s'installer bien confortablement sur des matelas ou des chaises, et de fermer les yeux pour se préparer à la réception en conscience de ce processus énergétique. C'est une méditation sonore pendant laquelle le Sonnothérapeute va utiliser divers instruments qu'il pourra coupler avec sa voix : Temps d'improvisation qui se marie à l'instant présent, parenthèse unique qui réunit les êtres et les cœurs au son de l'Univers. Un des moments les plus intenses et celui où, en fin de séances, toutes les voix s'unissent sur le chant des voyelles. On peut proposer un schéma à reproduire, mais aussi de l'improvisation vocale. En fonction de l'objectif recherché, on peut clore ou ouvrir une séance avec le « *Qi Gong des Voyelles* » - ou un autre procédé similaire – qui associe mouvements et vocalisation. En début de séance cela favorisera la découverte des personnes présentes et donc la cohésion du groupe, tout en les préparant, par la mise en énergie et la mise en espace, à recevoir la méditation sonore. En fin de séance on aura plutôt un effet de dynamisation collective, et l'ensemble des participants repartira plus ancré, plus ouvert, plus enclin à communiquer avec son environnement. Terminer la séance par un travail de vocalisation associée au mouvement permettra de potentialiser et de transmuter directement les effets de cette méditation sonore collective, avec, de fait, une dimension plus extravertie dans le processus. D'un autre côté, il est tout aussi intéressant de « rester dans sa bulle » à la fin d'une séance, en étant attentif aux transformations internes que l'on a ressenties, et de repartir vers le monde avec une perception plus intériorisée, temps pe passage et d'intégration. Ce qui est intéressant en sonothérapie, c'est que rien n'est obligatoire ni figé, et qu'aucun manuel ne stipule que l'on doit absolument associer le mouvement à la voix. Tout est question d'inspiration et de personnalité du Sonothérapeute. Certains n'utilisent même que leur voix pour des « concerts relaxants », comme mon amie Chanteuse et Sonothérapeute **Mariane Farooq**.

Pour une séance en individuel, dont l'objectif principal sera de « se relaxer », la personne sera installée sur une table de massage ou directement sur un tapis de sol.

Dans une séance, en fonction de l'effet recherché, on va utiliser des « Diapasons et Bols Tibétains », mais aussi cloches, harpes, gong, etc. et bien sûr la voix, clef de voûte de la pratique du Sonothérapeute. On utilisera les fréquences dans l'Aura en balayage autour du corps ; mais aussi au niveau des oreilles pour bien relaxer ou effectuer un travail spécifique de dynamisation ou de centration en relation avec le cerveau, par le biais de l'oreille. On pourra travailler sur des intervalles précis comme l'intervalle de Quinte, plus dynamisant, ou l'intervalle d'Octave, plus relaxant. Certaines personnes sont très sensibles à l'écoute des fréquences au niveau des oreilles, donc je veille toujours à garder une certaine distance de précaution pour ne pas envahir la personne en état de réception. Un son trop fort au niveau des oreilles peut être ressenti comme une intrusion, car il peut toucher à l'intimité profonde de la personne. Attention donc, pas de sons trop aigus vers le haut du corps, près des oreilles, par exemple les diapasons « Angels ». On travaille également en posant des Diapasons et des Bols directement sur le corps. En fonction des zones du corps, on va utiliser différentes fréquences. Avec les fréquences, on va intervenir sur des zones corporelles globales prédéfinies, mais on peut aussi aller encore plus loin en choisissant des points spécifiques, ce que l'on peut nommer la « *Vibropuncture* ».

Pour ma part j'utilise beaucoup les diapasons avec lesquels je me sens en symbiose. Il existe des diapasons lestés qui vibrent plus fort et moins longtemps, et des diapasons non lestés qui vibrent moins fort et plus longtemps. Plus les diapasons sont petits plus leur fréquence est aiguë. Les diapasons longs en taille sont plus graves, car plus la longueur de l'onde est grande, plus le son est grave. En effet, la fréquence correspond à la vitesse pour parcourir la longueur, donc, plus il y a de distance à parcourir, plus la vitesse est longue, et donc le son grave. Pour faire sonner le diapason, on va utiliser un activateur ou le frapper, par exemple, dans la paume de sa main.

Pour ma clientèle, j'ai concocté des séances « sur mesure » nées de mon expérience, de mes recherches et de mon expérimentation :
→ **Séance Tonification** (Vibropuncture pour tonifier l'énergie)
→ **Séance Méridiens** (Rééquilibrage des méridiens)
→ **Séance Harmonisation** (relaxation, centration, unité)
→ **Séance Equilibre** (les 5 ondes pour rééduquer le cerveau)
→ **Séance Chakras** (alignement énergétique)

LE MASSAGE MSV : DES MAINS, DES SONS, DES VIBRATIONS

« Voyage inédit dans la 4ème dimension »

M.S.V. veut dire : des mains, des sons (***G**) , des vibrations (***G**) . Ce nouveau protocole est né de la rencontre entre une Massopraticienne, ***Edith Salerno*** (***WMSV1**) et moi-même, ***Devi Arnold***, Sonothérapeute et Praticienne Edonis. L'intégration du Toucher par les sons® dans le massage manuel apporte un lâcher-prise hors du commun et procure une sensation de Bien-être tout à fait inhabituelle. Pour le massage **M.S.V.** nous utilisons principalement des diapasons associés à la voix (***G**) qui est un outil énergétique puissant. L'idée était de sublimer et de décupler l'effet du massage manuel dans son ensemble et je peux dire que le pari est gagné. Le travail en sonothérapie ouvre le corps pour une perception accrue du ressenti : c'est fabuleux ! Et la sensation monte en puissance, crescendo, tout au long de la séance qui dure environ 1h30 pour un instant de détente absolu. Enthousiasmées par notre protocole, nous avons décidé de proposer ce massage à la formation. Une belle manière de démocratiser l'utilisation de la Sonothérapie que j'aimerai rendre accessible au plus grand nombre. Pour l'apprentissage, j'ai essayé de simplifier au maximum l'intégration de la Sonothérapie, afin que chacun puisse s'approprier sans trop de difficultés l'utilisation de ces nouveaux outils, car cette formation n'est pas une formation à la Sonothérapie, seulement une approche. Pour tous ceux qui seront séduits par les effets qu'induisent les sons et souhaiteront approfondir leurs connaissances en Sonologie, il faudra se tourner vers ***Emmanuel Comte***, l'inventeur de la Sonothérapie qui dirige le centre de recherches **Medson**. En ce qui concerne notre formation, tel que nous l'avons conçue, nous sommes tout de suite dans la pratique. Le massage en lui-même est aussi une technique à part entière avec des gestes précis à la fois doux et dynamiques.

Cette formation est l'occasion de venir acquérir une nouvelle technique originale qui ravira une clientèle à la recherche de nouvelles sensations.

Notre technique va bien au-delà du seul bien-être physique, c'est un véritable processus qui va permettre à la structure énergétique du corps d'entrer plus profondément en résonance avec les vibrations sonores pour débloquer les tensions physiques et émotionnelles.

Le Massage M.S.V.® (des Mains, des Sons, des Vibrations), c'est une merveilleuse rencontre entre le toucher et la Sonothérapie, un voyage sensoriel étonnant où les techniques, entre l'orient et l'occident, se côtoient. Le massage proposé s'inscrit dans la lignée des énergétiques et agit en profondeur. Il va permettre, par une détente générale, d'équilibrer le corps et l'esprit et ainsi d'avoir une action bénéfique sur la sphère psychologique. Le toucher successif, par les Mains, les Sons et les Vibrations, sur le corps et sur certains points précis, va libérer ou stimuler le flux d'énergie. Le Ying et le Yang vont s'équilibrer : « La pendule se remet à l'heure ». Ce massage énergétique prodigue une vraie sensation de joie, de légèreté, de plénitude que vous pourrez ressentir durant plusieurs jours. Mais **le Massage M.S.V.®** est une expérience qui se vit bien plus qu'elle ne se dévoile… C'est donc à chacun d'essayer et d'en ressentir ses bénéfices.

Nous préparons aussi les praticiens à l'art du toucher manuel et développons des approches autour de la respiration et de la relaxation du masseur. Dans le cadre de cette formation, nous nous familiariserons, outre les diapasons, avec l'Ondoline, un outil d'énergétisation et d'harmonisation du souffle et de la voix. Cet outil permettra à chacun de se positionner au niveau de son flux respiratoire, mais également d'apprivoiser son émission sonore pour une meilleure fluidité et efficacité. Le but n'est pas d'émettre un son comme le ferait un chanteur d'opéra, mais d'émettre une vibration et surtout d'oser, car la puissance de la voix est inégalable quand le son est bien conduit. **M.S.V.,** une formation à la portée de tous et de tous ceux qui ont envie de découvrir et d'apprendre de nouvelles techniques ou d'autres façons d'être en relation d'aide.

LA MÉTHODE EDONIS

« Une plateforme de soutien sur le net, un réseau et une formation continue »

Edonis est un réseau européen spécialisé en santé naturelle qui, depuis 2013, s'implante en France. Forte de 25 ans d'expérience, la méthode Edonis œuvre pour apporter plus de confort et de sérénité à toute personne qui désire prendre sa santé en main. Edonis est un réseau de praticiens de Santé, forme, bien-être ou beauté, formés à une méthode de Santé Naturelle simple et efficace. Cette méthode regroupant des techniques de massage, naturopathie et médecine chinoise a la particularité de présenter une véritable méthodologie pour s'adresser aux personnes anxieuses ou souffrantes.

Lors d'une séance Edonis, il n'est pas question de soigner, car la santé naturelle ne remplace en aucun cas l'exercice de médecine ni les traitements médicaux, mais d'accompagner, de soulager et de guider une personne vers un mieux-être. L'objectif est de la rendre ensuite autonome.

Le réseau, s'appuyant initialement sur les Praticiens en Santé Naturelle de l'École Internationale de Santé Bien-Etre (**EIBE**) (***WME1**), compte en 2014 une centaine de praticiens en France (métropolitaine et Polynésie) et Belgique. Il est envisagé de fédérer d'autre pays européens autour de cette méthode et du support logistique que chaque praticien trouve en ligne sur internet (***WME2**). Une belle progression en perspective autour d'une seule volonté : "la santé et le bien-être pour tous. "

Grâce à la magie d'internet une plateforme-conseil est donc disponible 24h sur 24. Une équipe de scientifiques est également à l'écoute pour répondre aux différents questionnements de la clientèle en recherche d'informations, clientèle qui souhaite toujours plus de « sur mesure ». La plateforme est également à la disposition des praticiens pour les épauler dans leur accompagnement au quotidien.

L'élément phare de la méthode Edonis est le massage Edonis qui, par ses effets régulateurs, procure une meilleure vitalité et une meilleure santé. Le massage Edonis agit sur le système immunitaire et stimule des points énergétiques qui renforcent les défenses tout en atténuant les douleurs. **Edonis c'est l'ABC du massage** : **A** pour **A**yurvédique, **B** pour **B**alinais, **C** pour **C**alifornien, **C**hinois et **C**oréen. Toute l'originalité de ce massage consiste effectivement dans le fait qu'il mélange, comme nous venons de le voir, cinq techniques. Il comporte également une centaine de manœuvres avec des effleurages doux et enveloppant qui se succèdent pour apporter lâcher-prise et relaxation en profondeur. Quand le rythme et la pression sont respectés, enveloppant, le Toucher Edonis est « libérateur émotionnel ».

C'est le « toucher du cœur » pour faire surgir et libérer les émotions cachées inscrites dans la mémoire corporelle. Moment de plaisir, ce massage avec des mouvements lents des mains et une pression légère est parfois semblable à des caresses. On cible la peau plus que les muscles ou les tissus conjonctifs, car la peau est intimement liée à l'identité. Ce type de toucher transmet un message positif à la personne. C'est un traitement adjuvant sans risque. Accompagné quelquefois d'une verbalisation pendant la séance, le client peut progressivement construire une meilleure estime de lui- même. Ces techniques sont utilisées en somatothérapie pour les troubles du comportement alimentaires, les troubles sexuels et la dépression. Et le must du concept Edonis est le toucher épicritique qui induit un effet antidouleur à court et à long terme. Ce toucher épicritique permet de diminuer l'anxiété et les douleurs, par un phénomène physiologique de contrôle dans la moelle épinière et dans la partie supramédullaire. Ce n'est pas un massage. C'est un effleurage. En terme de pression, sur une échelle de 1 à 10 (1 étant un simple contact de la peau, et 10 étant une pression douloureuse), le toucher épicritique se situe à une pression 3. Cela correspond à une caresse lente qui ne stimule que l'épiderme, c'est-à-dire moins d'un millimètre d'épaisseur de notre peau. L'information du toucher épicritique est générée, grâce à nos précieux récepteurs situés dans notre peau. Ceci correspond à un contrôle de la douleur réalisé dans notre moelle épinière. Lorsqu'une douleur est générée sur notre corps, elle se transforme en un influx nerveux qui va parcourir un premier neurone appelé dans ce cas un neurone nocicepteur, « noci » signifiant « douleur ». Ce

64

neurone va entrer dans la moelle épinière, dans l'un des étages de notre colonne vertébrale, par exemple dans les cervicales pour une douleur à la main, dans les lombaires pour une douleur au pied. La moelle épinière est un peu comme une autoroute qui va acheminer l'information très rapidement jusqu'au cerveau, dans la zone corticale, en relation avec la partie du corps touchée. Nous voyons donc que chaque fois que l'on génère une information épicritique – « plaisir-caresse » sur la peau – , nous bloquons instantanément le trajet de la douleur par la fermeture de la « porte-douleur ». La porte de la douleur dans la moelle épinière peut également se fermer avec des opiacés comme la morphine, et avec certains neurotransmetteurs sécrétés par le corps comme la dopamine et sérotonine. Le massage Edonis utilise donc une propriété du corps appelée « Gate Control » : il s'agit d'une inhibition de la douleur, où qu'elle soit dans le corps par une stimulation de certains récepteurs de la peau.

La méthode Edonis propose des séances « wake up » pour enlever la fatigue et le stress, des séances ciblées « troubles du sommeil », des séances « Tuina minceur », un travail sur « l'estime de soi », des séances pour la préparation sportive, etc.

Les Points Shu, par exemple, qui se situent dans le dos, régularisent chaque organe, car chacun de ces points agit sur un organe. En fonction des besoins, le praticien Edonis peut utiliser la moxibustion qui consiste à stimuler des points d'acupuncture précis par l'application d'une chaleur douce issue d'un bâton de moxa. La technique de moxibustion permet de renforcer les fonctions vitales. Elle aide à récupérer plus rapidement d'une longue maladie, d'atténuer les douleurs liées à l'âge, de mieux supporter les traitements lourds en oncologie, d'équilibrer les enfants souffrant de nervosité et de problèmes de sommeil. Au niveau des oreilles, quand la palpation est douloureuse on stimule également certains points à l'aide d'un stylet d'auriculothérapie.

Une autre des particularités du concept Edonis est de proposer des cours privés. Les cours privés se déroulent en individuel avec un client qui peut amener un modèle avec lui pour effectuer les différents apprentissages. Les cours privés s'adressent aussi aux couples qui souhaitent apprendre à mieux communiquer ensemble ou qui désirent booster leur libido. La séance « Pleasing Touch » permet de retrouver l'harmonie et la complicité dans le couple. Cette séance prend en compte la différence fondamentale qui existe entre les hommes et les femmes au sujet de la « Demande » et du « Plaisir ». C'est un jeu pour découvrir un certain nombre de sensations, un jeu pour oser demander ce qui nous plait et indiquer ce que l'on n'aime pas. Dans ce partage, où tout le corps, à l'exception des organes génitaux, peut être parcouru, on met de côté l'aspect sexuel.

Les techniques que l'on apprend utilisent donc différentes formes de toucher : la sensualité coréenne idéale pour le lâcher prise et offrir sa confiance à l'autre ; le massage balinais, véritable rituel prénuptial, pour stimuler la libido de son partenaire ; le massage de cupidon, une invitation à l'amour pour transformer ses mains en caresses ; le pleasing Touch pour des instants de « complicité », de « douceur » et de « sensualité » dans le couple.

En tant que praticienne et formatrice Edonis je ne peux que recommander cette méthode qui m'a également beaucoup apporté d'un point de vue personnel. J'aime particulièrement la moxibustion que je pratique régulièrement sur moi, ainsi que la digipuncture que j'utilise au quotidien. Cela m'a également permis d'effectuer des passerelles avec la sonothérapie dont mon approche s'est maintenant enrichie. Les fréquences sonores permettent d'intégrer et de soutenir le travail qui a été accompli en circulation énergétique, ce qui potentialise l'effet de mes séances Edonis. J'utilise bien évidemment la sonothérapie comme régulateur de mon système énergétique en combinant les connaissances que j'ai acquises lors de ma formation Edonis.

De plus, nous avons un suivi régulier par la plateforme et lors de journées gratuites d'évaluation. Nous ne sommes donc pas isolés et pouvons sans cesse évoluer. La plateforme met à notre disposition la possibilité de préparer gratuitement une certification en « **MTC** » (médecine traditionnelle chinoise) et une autre en « Sciences médicales » (***WME3**) ; et à moitié prix « Aromathérapie » et « Conseiller en Phytomicronutrition ». La formation est gratuite, mais une cotisation mensuelle est demandée pendant la première année. Puis la cotisation est divisée par deux ensuite. On pourra également récolter un gain financier si l'on parraine de nouveaux praticiens Edonis. Il est cependant toujours possible de sortir du réseau au bout de quelques mois si l'on ne souhaite pas poursuivre l'aventure Edonis. Beaucoup d'avantages donc, et le respect de pratiquer en fonction de son profil. Aucun praticien Edonis n'est tenu d'utiliser une technique qui ne lui correspond pas. Quelqu'un, par exemple, qui ne veut pas effectuer de moxibustion ou animer autour du « Pleasing Touch » renverra la clientèle sur un de ses collègues praticien Edonis. C'est là toute la force et l'intérêt de cette méthode respectueuse de chacun : échanges, conseils, partenariats, évolutions, parrainages.

En annexe on pourra trouver quelques explications des apports bénéfiques de la méthode Edonis (**p.128**).

PTIBOURELAX

« Relaxation enfants et adolescents »

Depuis longtemps je m'intéresse au bien-être des enfants et j'ai tout de suite été intéressée par la formation Ptibourelax proposée par l'association du même nom.

Je sais qu'il existe déjà quelques interventions de yoga à l'école qui sont très bénéfiques pour les enfants - voir par exemple en annexe, (**p.126**) et (***WPT1**), l'article du journal « **Le Monde** » de novembre 2012 qui explique l'intérêt de ces pratiques -, mais je n'avais jamais entendu parler d'interventions si spécifiques, que je vois comme des propositions « sur mesure » à l'attention des enfants. Depuis longtemps je souhaite également développer des actions en direction des adolescents pour lesquels peu de projets sont mis en place. A l'adolescence, l'estime de soi est à consolider et la perception de l'image corporelle en est le facteur premier. Il est possible d'aborder cet aspect en lien ou non avec l'apprentissage scolaire. Les différentes approches concernant la prise de parole, le regard bienveillant envers soi-même, l'état des lieux des besoins et attentes, l'influence du regard de l'autre, le positionnement, l'évaluation des personnes ressources, pourront beaucoup apporter aux adolescents qui manquent de recul et n'ont pas toujours conscience de leurs modes de fonctionnement. L'apprentissage de quelques techniques de relaxation en lien avec la respiration et la notion de calme mental seront aussi un tremplin pour une meilleure gestion du quotidien. On peut aller plus loin en mettant en place un véritable accompagnement de coaching pédagogique de groupe, éventuellement couplé avec un suivi individuel.

Wendy Belcour, directrice de l'**EIBE** (école internationale du Bien-être) (***WPT2**) a créé le **Concept Ptibourelax** qui met en lien enfants et parents tout en apportant, à grands et petits, des instants privilégiés « bien à soi ». Voici ce qu'elle nous dit au sujet de sa passion qui a engendré l'aventure **Ptibourelax** : « *L'idée de P'tibou Relax est née de ma frustration de ne pas avoir pu trouver des activités à partager avec mes enfants. J'aurai pu choisir la facilité et laisser mes enfants quelque part pendant une heure, puis revenir les chercher, mais ce n'était pas ce que je souhaitais faire. Étant aromathérapeute et praticienne de massage bien-être et de yoga, je voyais les bienfaits que la santé naturelle avait sur mes enfants. Je me suis donc clairement posée la question : pourquoi ne pas partager toutes ces informations ? Trouver des activités adaptées aux enfants à partir de la naissance jusqu'aux environs de onze/douze ans - activités qui puissent aussi être adaptées aux parents - n'était pas chose simple. Les mots clés de mon idée étaient les suivants : « partager », « communiquer », « découvrir », et surtout, en premier lieu, « s'amuser » ! Et, bien évidemment, je voulais que les parents s'amusent autant que les enfants ! Avec une collègue, nous avons donc monté l'association P'tibou Relax afin de promouvoir le bien-être, le mieux-être et tout simplement la notion de « l'Être » pour toute la famille. Que chacun puisse, à chaque âge, prendre le temps de partager et d'apprendre à utiliser un contact tactile respectueux et adapté, voilà notre objectif.* »

Voici le témoignage de «*Claudie L*» (***WPT3**) qui a participé à des ateliers avec *Wendy Belcour* : « *P'tibou Relax est une association qui vise à promouvoir les mouvements de yoga et les massages pour les enfants de 1 mois à 11 ans. Elle intervient au sein des écoles maternelles, primaires, des CLAE (centre de loisirs associés à l'école), des relais d'assistance maternelle et chez les particuliers également. Ce sont des ateliers qui peuvent aller de 25 minutes à 1h en fonction du lieu de l'activité. J'ai eu la chance de participer à une des séances, à l'école maternelle de Ramonville et d'animer un cours avec ma prof Wendy, gérante de l'association. L'initiation aux mouvements du yoga se fait par le biais d'un conte qui va guider les enfants, pour leur faire travailler leur souplesse, leur réflexe, leur respiration. C'est génial et Wendy est vraiment très douée pour capter et canaliser l'énergie des enfants. Chaque séance en école se termine par un moment de relaxation où les enfants apprennent à matérialiser leurs angoisses et à les exprimer par des petits jeux. Les formules sont différentes en fonction de l'âge de votre enfant, mais dans tous les cas cette activité permet d'établir un lien particulier avec votre enfant. Cela travaille sur les capacités de concentration, d'attention tout en lui* *apprenant de lui-même à se relaxer. Vraiment c'est une expérience à tenter ! N'hésitez pas »*

Aperçu de la méthode PTIBOURELAX

« Toucher c'est communiquer, Rigoler, s'étirer, Partager et Respecter »

Le bien-être et la joie de vivre
Inspirée du yoga, P'Tibou Relax, est né d'une passion pour le massage, le bien-être et la joie de vivre.

P'Tibou Relax se décline sur trois niveaux d'âge : **Tibou Bébé** de 1 mois à 2 ans, **Tibou Yoga** de 2 à 6 ans, **Tibou Relax** de 6 à 12 ans.

P'Tibou Relax regroupe différents praticiens pour animer des ateliers multisensoriels, des « jeux yoga » pour les enfants, autour de la respiration, de la communication, du partage et du bien-être. Les bases des mouvements tournent autour de l'équilibre, de la respiration et de la relaxation. C'est une belle façon pour les enfants de développer leurs créativités, apprendre à se détendre, apaiser leurs anxiétés et prendre du plaisir.

Tibou Bébé
s'adresse aux familles individuelles, au relais des assistantes maternelles, aux crèches, à la maison ou en cabinet chez le praticien. Chaque étape sollicite différentes parties du corps, provoquant différentes réactions de la part du bébé (colère, joie, ...) et demande une adaptation de la part des adultes. La disponibilité des enfants nous engage éventuellement à adapter le déroulement des ateliers : allaitement, endormissement, etc...

Les ateliers **Tibou Bébé** sont destinés aux enfants de 1 mois à 24 mois. Chaque atelier dure en moyenne 45 minutes. Les ateliers se déroulent sur 6 séances. En fonction de l'évolution de votre bébé, on le surnommera «petit koala », « petit chat », « petit kangourou »... Les ateliers de yoga-massage proposés par Tibou Bébé sont ludiques et stimulent le développement du bébé autour du jeu selon son âge, son évolution et sa mobilité en associant les parents. Pendant ces cours, les parents, aussi bien que les enfants, profitent de ces moments de détente, de partage et de joie. Les techniques sont simples et faciles à mémoriser. Les ateliers Tibou Bébé comportent un temps d'introduction, d'explication et d'échange, puis un temps de yoga-massage, de relaxation, et enfin un temps de partage sur un thème choisi par la structure d'accueil ou le praticien.

Nos objectifs sont de : *Créer* un lien durable bébé / parents, *Encourager* les parents dans le toucher, les mouvements, et la communication, *Libérer* les bébés souffrant de problèmes digestifs, *Aider* les bébés à l'endormissement et à profiter ainsi pleinement de leurs journées, *Aider* également au développement du système neuromusculaire des bébés grâce au toucher et au mouvement, *Aider* les bébés à construire les bases solides pour leur apprentissage, sachant que les enfants apprennent beaucoup par la répétition, *Profiter* de ces moments de détente, de partage et de joie, pour les parents aussi bien que pour les bébés

Tibou Yoga
Les ateliers Tibou Yoga se déroulent au niveau national dans : les écoles maternelles et primaires, les **ALAÉ** (*G), Les relais d'assistantes maternelles, Les centres de loisirs, Les communes et auprès des particuliers. En collaboration avec l'équipe enseignante ou l'encadrement des différentes collectivités, nous mettons en place des ateliers pluri sensoriels, décontractés, amusants et ludiques, pour aider les enfants à mieux connaître leurs corps, à se repérer dans l'espace et à se détendre en groupe ou en famille. **Tibou Yoga** est en partenariat depuis plusieurs années avec le Service Petite Enfance de la Mairie de Toulouse.

Les ateliers **Tibou Yoga** sont destinés aux enfants d'environ 2 ans jusqu'à environ 6 ans. Chaque atelier dure en moyenne entre 30 et 45 minutes. Les ateliers Tibou Yoga comprennent le déroulement d'une histoire basée sur les mouvements de yoga, de l'échauffement préalable à la phase de relaxation, en passant par la salutation au soleil, les postures de station debout et assise, sans oublier la respiration. Avec l'aide de la musique, des histoires et notre mascotte, les enfants apprennent à travers l'interaction sociale, la répétition et le jeu. Les postures sont choisies pour l'attrait qu'elles exercent sur les enfants, la plupart faisant référence à la nature et aux animaux. Les exercices Tibou Yoga sont destinés à développer l'acuité sensorielle favorisant l'équilibre et l'imaginaire.

Nos objectifs sont : *d'Aider* les enfants à garder leur souplesse en ouvrant les parties du corps qui sont tendues et à *Trouver* leur équilibre, *Calmer* le mental en créant une harmonie avec le corps, *Renforcer* leur flexibilité et leur force, *Travailler* sur la respiration et la relaxation, *Apprendre* à respecter l'autre, *Communiquer* sans parler,

Enrichir leur vocabulaire à travers le jeu, les chansons et les histoires, *S'amuser* autrement que de par la télévision ou les jeux vidéos.

Tibou Relax

Les ateliers **Tibou Relax** se déroulent au niveau national dans : les écoles primaires, les **ALAÉ** (**G**), les centres de loisirs, les commune et auprès des particuliers. En collaboration avec les parents, l'équipe enseignante ou l'encadrement des différentes collectivités sont là pour vous aider à gérer le stress de tous les jours en partageant un moment de complicité, de détente et de partage. Les histoires s'adaptent et sont à la portée de tous en fonction de l'âge. Elles suivent un thème et peuvent avoir une petite morale.

Les ateliers **Tibou Relax** sont destinés aux enfants de 6 ans à 12 ans. Ils se font soit en famille (un enfant avec un parent) soit entre enfants; ce sont les enfants qui se massent entre eux dans le cadre de cours collectifs. Chaque atelier dure en moyenne 45 minutes.

Les ateliers **Tibou Relax** commencent soit par une phase d'échauffement, soit par un moment de relaxation à deux à l'aide d'accessoires et d'exercices de respiration. Les enfants apprennent des mouvements de massage simples et respectueux dans un environnement de calme et de sérénité. Les règles essentielles de jeu sont de communiquer de façon non verbale à travers les gestes qui vont nous aider afin de mieux nous comprendre. Chacun reste libre d'accepter ou de refuser. Par la suite, autour de petites histoires, les techniques se font sur les parties du corps telles que le dos, les pieds ou la tête. En aucun cas le praticien ne touche l'enfant.

Les séances **Tibou Relax** se terminent toujours par un temps de relaxation et d'échange sur fond musical spécialement conçu pour les enfants. Le but étant de finir dans le calme et la douceur.

Nos objectifs sont de: *Garder* un contact physique sain, et favoriser la communication verbale en famille, *Favoriser* la communication non verbale, et valoriser la convivialité et le respect, *Apporter* une bonne connaissance du corps, de ses mouvements, et de ses limites, *Créer* un lien, et ainsi engendrer des rapports confiants et conviviaux entre les participants, *Donner* ou augmenter la confiance en soi, *Diminuer* l'angoisse et l'agressivité, *Être* plus concentré et moins tendu,

Enseigner qu'un toucher sain sur un enfant lui permet de reconnaître plus facilement un toucher malsain tout en grandissant.

LA DYNAMIQUE DES RÉSEAUX

Si l'on souhaite que son activité devienne stable et pérenne, il est indispensable de communiquer de façon régulière et de rentrer en contact avec d'autres professionnels de son secteur. La règle d'Or est qu'on ne fait rien tout seul dans son coin ! Dans un premier temps, il est intéressant de s'inscrire sur des annuaires professionnels et de rejoindre des réseaux, ce dont je parlerai un peu plus loin. **Unizen (*WDR1)**, par exemple, spécialisé dans le massage Bien-être, met en relation des clients et des professionnels du Bien-être. C'est une plateforme qui permet, sans se déplacer, de commander une prestation personnalisée en choisissant dans un catalogue des offres variées, et cela sur l'ensemble du territoire national. Le site **Wannonce (*WDR2)**, quant à lui, permet aux professionnels du Mieux-être de proposer leurs services en déposant gratuitement leurs annonces, annonces que l'ont peut réactualiser très régulièrement.

En ce qui me concerne, j'ai eu très rapidement envie de collecter des cartes de visite et d'entrer en contact avec des confrères pour effectuer des échanges de pratiques. De cette façon, j'ai pu faire de belles rencontres, mais j'ai aussi essuyé des refus. Untel, masseur, ne veut pas se faire masser parce qu'il n'aime pas être massé ou ne supporte pas l'huile... d'autres encore sont inquiets et restent sur leur réserve : peur de rencontrer l'autre, peur, j'imagine, d'être jugé, peur encore de la concurrence... Cela laisse dubitatif..., mais c'est une réalité. Cela permet cependant de faire le tri autour de soi, de « trier ses contacts » et de s'ajuster à son environnement, une façon d'être plus intensément à l'écoute des opportunités qui nous entourent. Très vite nous saurons avec quels praticiens nous pourrons être en réseau, et ceux avec lesquels nous ne ferons pas un bout de chemin. Nous pouvons parfois être surpris de ce qui émerge et de ce qui stagne, mais il est enrichissant de se mettre à l'écoute de ce qui circule et de capter ce qui est effectivement en résonnance avec notre énergie du moment. Il est sage, aussi, d'accueillir ce qui ne se fait pas malgré notre volonté, et d'accepter nos erreurs d'appréciation dont nous récoltons toujours un bénéfice secondaire.

Apprendre à regarder l'aspect positif de toute chose est une attitude à cultiver comme l'on prendrait soin d'un joyau. Chaque rencontre, chaque expérience, mais aussi chaque rupture a son lot d'enseignement. Il me paraît fondamental, dans un premier temps, d'entrer en contact avec son environnement, d'entrer en relation, d'aller à la découverte sans préjugés, ce qui va nous permettre d'établir l'état des lieux de notre milieu et de ressentir ce qui résonne, ce qui questionne, ce qui est en dissonance. Développer sa capacité à se mettre à l'écoute de ses besoins va nous aider à nous accorder à notre énergie du moment, à prioriser nos actions, pour écrire de façon optimale notre feuille de route.

Lors de mon installation, j'ai souvent ressentie, au cours de mes différentes prises de contacts et rencontres – téléphoniques ou en direct – la peur de la concurrence, ce qui m'a beaucoup questionnée. Il me semble « *qu'Être ensemble* » est bien plus porteur « *qu'Être seul* ». Unir ses forces et partager ses compétences est source de richesse ; mais je vois comme cela peut déranger tous ceux qui ne cherchent que leur intérêt propre et prennent sans compter, dans l'oubli que nous agissons tous pour le bien commun, et que, dans « Bien-être », il y a aussi la dimension «d' Être Bien » avec soi et les autres. Chacun est unique et chaque être est précieux. Personne n'a le même vécu, le même bagage, les mêmes compétences, les mêmes ancêtres. Même deux êtres qui suivent la même formation ne transmettront pas de la même façon. La transmission est une affaire personnelle, reflet de notre personnalité. C'est pourquoi j'aime rencontrer et échanger avec d'autres praticiens. Je suis animée par l'esprit d'équipe que j'ai découvert dans la pratique sportive. De mon point de vue, le réseau va indéniablement participer au développement du bouche à oreille et permet aussi d'étoffer son carnet d'adresses afin d'aiguiller les demandes au plus juste. Il s'agit cependant d'être vigilant et de ne pas se laisser engloutir par la communication au détriment de la pratique. On peut, rapidement, être sollicité par de nombreux réseaux, et là encore, il faut consacrer un certain temps à faire le tri et à définir ses priorités. Les réseaux peuvent vite être assimilés à des « *dévoreurs de temps* ».

Titulaire d'un compte **Facebook**, inscrite sur **Linkedin**, **Viadeo** et **Google+**, je fais également partie de groupes de praticiens et de groupes de paroles qui échangent informations et réflexions. Face à la profusion de mails et contacts qui circulent via internet, il n'est pas évident de tout gérer correctement. D'autres réseaux plus spécifiquement centrés sur le secteur du Bien-être sont aussi des incontournables pour le professionnel qui souhaite être repéré et identifié. J'ai choisi de rejoindre le réseau **Neo-bienêtre (*WDR3)** qui existe depuis 2003 et qui est le pionnier des réseaux des professionnels du bien-être. Ce réseau qui est aussi une agence de communication a pour objectif premier de « *mettre l'humain au cœur des choses* » comme me l'a confié *Julien Péron* fondateur de ce réseau. J'ai été intéressée par la formule d'adhésion définitive que propose le site, et par le fait que l'on peut diffuser ses informations personnelles concernant les stages, les ateliers et les formations que l'on organise. J'ai aussi été intéressée par le fait que l'on puisse écrire des articles et les diffuser. La plateforme est cependant très importante, et je me demande si l'abondance d'informations n'est pas noyée dans la masse. C'est la documentaliste que je suis qui parle et se questionne. Comment tirer son épingle du jeu et être visible dans l'invisible ? C'est une grande question qui me taraude... Plusieurs personnes m'ont cependant indiqué qu'elles m'avaient découverte sur ce site. Le **réseau Neo-bienêtre** propose aussi des journées payantes de rencontres interprofessionnelles dans les grandes villes de France, loin de mon territoire, et je n'ai encore pas pu m'y rendre, les dates ne pouvant se caler à mon agenda. Quoi qu'il en soit, je recommande l'inscription sur ce site moteur dans le secteur du bien-être.

Je suis régulièrement contactée par d'autres réseaux ou annuaires, mais je ne peux m'inscrire partout, question principalement de coût, bien entendu. L'intérêt étant d'être visible, il faut débourser en général une centaine d'euros par an pour obtenir une page percutante avec toutes nos coordonnées, photos et un suivi. Rares sont les annuaires qui proposent un hébergement correct à bas prix. Et n'oublions pas non plus les pages jaunes qui évoluent constamment en proposant, contre rétribution, plus d'options sur le net. Mais comment faire face à tous ces frais ? C'est l'éternelle question. Dernièrement, j'ai été contacté par le site **Psycho Bien-être (*WDR4)** pour figurer dans leur annuaire. Je trouve que le site, agréable à l'oeil, propose un contenu de qualité, et suis donc plutôt attirée. Mon interrogation première se résume cependant à deux paramètres : "*Temps*" et "*Budget*". « *Budget* », car c'est encore 100 € à investir chaque année, l'offre premium (la plus chère), me semblant la seule qui puisse éventuellement répondre à mon attente. « *Temps* » parce qu'écrire des articles prend du temps, et que l'on n'est pas toujours disponible pour cela, ni en capacité de se renouveler sans cesse sur les mêmes sujets, chaque site voulant souvent un article exclusif. Communiquer ses dates de stages et formations prend aussi du temps, et qu'il est difficile pour le « Praticien du Bien-être » de se découvrir tout à la fois, praticien, secrétaire, promoteur et comptable ! Je fais déjà partie de plusieurs réseaux et il m'est indispensable de penser à « Prioriser », car on ne peut faire l'impasse, ni sur le temps que l'on est en mesure de consacrer pour participer à un réseau, ni sur le budget que l'on a de disponible. Si l'on prend un peu de recul, les 100 euros peuvent vite être rentabilisés avec seulement deux ou trois clients. Quoique ! N'oublions pas les charges sociales qui « plombent » rapidement le budget « rentrées d'argent » quand on est en autoentreprise, ce qui est mon cas, ou en portage salarial avec la TVA de surcroît. J'aborde le sujet du statut plus en détail dans le chapitre « Quel statut pour mon activité ?». Mais quelles sont les garanties qu'une inscription dans un annuaire nous amène de la clientèle ? Aucunes bien évidemment. Je laisse donc pour l'instant le temps faire son œuvre, et je me mets à l'écoute pour savoir si je vais rejoindre ce réseau, économies de temps et d'argent oblige.

D'autres connexions se font d'une façon plus directe et je vais donc aborder le côté plus particulièrement lié à mon territoire. Lors d'une rencontre professionnelle, j'ai été mise en contact avec le **Club Business Ladies 12 (*WDR5)** qui regroupe les femmes-chef d'entreprise de l'Aveyron. Un club qui permet, à travers l'organisation de salons et ateliers, de partager les compétences, et d'aller à la rencontre du public.

L'objectif du club est de soutenir le déploiement de l'activité et d'éviter l'isolement une fois que la création de l'entreprise a été effectuée. Il est difficile de se faire connaître quand on agit seul dans son coin, et j'ai trouvé l'initiative fort pertinente. Cela m'a fait réfléchir plus spécifiquement à la notion de secteur géographique, et à l'intérêt de développer ses actions en fonction des besoins du secteur. Un réseau donc, oui, mais à portée de main. Un réseau à taille humaine qui puisse mettre en lien les hommes et les femmes d'une manière lisible et pragmatique, pour répondre à la demande. Malheureusement, la communication ne suit pas, et malgré mon adhésion, rien ne se concrétise derrière pour l'instant. L'idée du réseau en fonction du secteur géographique me séduit pourtant, et *Catherine Kart* vient à moi.

Le Réseau Bien-être (*WDR6)

Le parcours de *Catherine Kart* est riche en expériences. Venant du Tourisme, elle choisit de changer d'orientation lorsqu'elle attend un bébé. Suite à une formation en kinésiologie, elle s'installe en cabinet et est instructrice en « *Touch* » et « *Brain Gym* ». Elle a travaillé en tant que formatrice en développement personnel et responsable de projet pour le compte de la Société Elythe qui œuvre sur Aix en Provence, Paris et même en Floride. La succursale en Aveyron ne fonctionne pas, ni l'organisme de formation qu'elle met en place, pour des raisons justement liées au territoire. Formatrice en Capcoop, elle décide donc en complément de retourner vers le domaine du Bien-être qu'elle affectionne tout particulièrement, et parce qu'elle connaît les difficultés auxquelles on est confronté lorsque l'on décide de développer son activité dans le secteur du Bien-être. *Catherine* a trouvé mon contact sur internet et m'a conviée à participer au premier salon annuel du « **Réseau Bien-être** » . C'est en février 2014 qu'elle a créé ce réseau au service des professionnels du bien-être, secteur Aveyron, Lot et Cantal. Ce réseau Bien-être a pour objectif de développer le lien professionnel et affiche les notions de collectif et de territoire. Il propose d'accompagner tous les projets liés au secteur du Bien-être dans le but de mettre les praticiens en relation, ceci afin de rompre l'isolement. Animatrice, Catherine s'occupe de la logistique du réseau et est « garante » de l'investissement professionnel. Efficace et à l'écoute, Catherine fait preuve d'une présence bienveillante. Directe, professionnelle et soutenante, Catherine est l'interlocuteur unique qui répond à toutes les questions. Une dimension essentielle à l'heure de cette société moderne ultra robotisée où plus personne ne peut être joint. Ce tout mécanique qui génère parfois un désarroi profond est source d'anxiété et alourdit encore le sentiment de solitude qui pèse sur les épaules de tout entrepreneur en démarrage d'activité, quel qu'il soit. Dans le chapitre Statut et Formation, j'aborde le cas de mon organisme de formation, « le FIFPL » exemple criant de la dérive de notre société dépassée par les contraintes administratives. À la différence d'un club comme **Business Ladies 12** qui va développer sa communication autour de l'image du club composée de ces adhérentes, le **Réseau Bien-être**, lui, va communiquer sur l'actualité concernant ses adhérents - annonces sur **Facebook** et dans la Newsletter mensuelle - tout en mettant en avant les évènements concernant le réseau. Double intérêt donc pour ce nouveau réseau qui met l'accent sur la notion du développement de son activité liée à celle du territoire. Ancienne attachée principale de la Fonction Publique Territoriale, je suis également très sensible à cette notion de territoire et à la répartition des compétences. Le réseau propose des accompagnements individuels, des formations collectives et continues, l'accompagnement au projet pour tous les non adhérents qui ne sont pas encore installés, les abonnés devant être installés professionnellement. Cependant, pour des interventions spécifiques comme des conférences, ou la participation à des évènements de type salons, le réseau est ouvert aux non-abonnés. Mais bien sûr, la priorité est toujours donnée aux abonnés pour lesquels il est également possible de mettre en place une aide logistique pour leurs conférences, stages, ateliers... L'inscription sur l'annuaire du réseau fonctionne de septembre à septembre, et les rencontres interprofessionnelles se déroulent une fois par mois. L'idée maîtresse est de favoriser les rencontres afin de créer, ensemble, de possibles opportunités de travail. Le **Réseau bien-être** a également décidé de mettre en place un pôle dédié aux formations bien-être en professionnalisant la présentation, la gestion et en permettant aux abonnés de bénéficier d'un numéro d'agrément pour que les formations puissent être prises en charge. Un site dédié à ce pôle de formations bien-être sera créé afin d'offrir la possibilité aux clients d'accéder aux « fiches formations » et de les télécharger. Et, comme clairement annoncé, avec le **Réseau bien-être,** on peut être déjà au moins sûr d'une chose : « Soyez zen..., vous n'êtes plus seul! ». Rien que pour l'état d'esprit affiché, j'ai envie tout simplement de délivrer la médaille d'Or de la confiance réciproque.

Le Réseau TheraSpot (*WDR7)

J'ai rencontré *Pascal Bregnard*, créateur de **TheraSpot**, lors du festival « **Les Noces Harmoniques** » organisé en Aveyron en juillet 2014 par **l'Oasis de Lentiourel (*WDR8)**. J'y intervenais pour une conférence sur la Voix, ainsi que l'animation d'un atelier « *Massage Sonore* » axé principalement sur l'outil vocal. Ce fut à cette occasion que Pascal anima son premier atelier « egypto-essenien ».

Le réseau **ThéraSpot** est né d'un moment d'inspiration, une nuit de pleine lune m'a raconté *Pascal Bregnard* son fondateur : comme une révélation dans l'idée de relier et d'oeuvrer ensemble ; permettre aussi des échanges entre thérapeutes d'un lieu à un autre, pour celui ou celle qui cherche un nouvel endroit pour, par exemple, effectuer un stage, afin d'ouvrir le champ de l'invitation à venir investir un autre lieu. ThéraSpot propose également des échanges entre thérapeutes pour s'améliorer, favoriser la joie de l'échange de pratiques et donc la gratuité. Le volet « Therapeutes-nomades » a été mis en place pour répondre au besoin de nombreuses personnes de recevoir des soins alors qu'elles n'en ont pas les moyens. Pour les thérapeutes aussi qui souhaitent « donner, voyager et découvrir... ». Pour une meilleure lisibilité de l'ensemble, tout se relie dans le site : Thérapeute-Formateur-Formations-Centres-Ecoles…

Voici ce que nous dit encore *Pascal* au sujet de son projet **TheraSpot** : « En dehors de l'aspect "d'intégrer les soins et la conscience un peu partout", le but de l'aventure **Theraspot** est de pouvoir financer des projets novateurs et insolites qui puissent répondre à un besoin. Création de salons "lounge-fruit-bar-healing-massage", TheraSpot energybar, festival de musique et bien-être, etc. Un public potentiel existe dans les grandes villes où les gens ont vraiment besoin de cela vu le stress qu'ils vivent, tout en ayant un salaire pour pouvoir s'offrir ces moments de « bien-être ». Cela pourrait « employer » pas mal de joli monde… Enfin, c'est un exemple. Je me perds dans mon enthousiasme, :) **CREER DES OASIS**, en gros c'est le but, si le réseau est là et qu'il permet de financer et de structurer tout ça! Au-delà de tous ces aspects, c'est l'éducation qui me paraît primordiale ; trouver par des manières simples comment glisser dans l'enseignement de chaque sphère un peu plus de conscience et donc sortir du mot, Spirituel, Dieu, etc. » *Pascal* ajoute que plus de la moitié des thérapeutes inscrits ont été charmés par la possibilité des échanges entre Thérapeutes, ainsi que pour accueillir des « Thera-nomades ». Continuez à parler de TheraSpot autour de vous, nous dit-il en octobre 2014, les inscriptions reste encore gratuites pour l'instant. Le coût cependant est de 25€ pour l'année ce qui reste tout à fait abordable.

DROITS ET STATUTS

« La France, le système des Poupées Russes »

Quel statut choisir pour exercer son activité dans le secteur du Bien-être ? Parcours du combattant, prise de conscience, état des lieux : un nécessaire diagnostic.

Il existe bien sûr plusieurs possibilités, et le site **Isthme Formation (*WDS1)** fait le point sur ce sujet d'une manière assez pertinente. Mais comme on le verra, il n'y a pas de statut idéal. Sur la page d'accueil, il suffit d'aller en bas à droite et de cliquer dans l'encart violet sur « Installation professionnelle ». On obtient ainsi un article qui détaille les différentes possibilités. On peut par exemple obtenir des informations sur l'APCE, l'agence pour la création d'entreprises qui édite des fiches payantes d'analyse des métiers et secteurs d'activités (*WDS2). Compter 10 € pour la fiche « médecines douces, Bien-être, relaxation, massage et modelage » et 91 € pour le pack qui comprend toutes les fiches de la série « Santé, Bien-être, Beauté ». Cependant, quelques informations ne sont pas tout à fait à jour comme avec celles qui concernent la CANAM (Caisse nationale d'assurance maladie et maternité des travailleurs non salariés des professions non agricoles) qui a fusionné en 2006 dans le RSI (régime social des indépendants) avec la CANCAVA et d'ORGANIC (*WDS3). Sur le site du RSI il est possible de télécharger « *le guide de la protection sociale* » remis à jour régulièrement (*WDS4). Sur le site de l'APCE on peut également télécharger la loi relative à l'artisanat, au commerce et aux très petites entreprises, parue au journal officiel le 24 juin 2014. Cette loi contient toutes les nouvelles mesures concernant le le régime de l'auto-entrepreneur et le nouveau régime du micro-entrepreneur, l'artisanat, les cotisations sociales des indépendants, les baux commerciaux, dérogatoires et professionnels. Toutes les nouvelles mesures sont présentées sous forme d'un tableau comparatif, ce qui permet d'obtenir une vision d'ensemble des aménagements apportés (*WDS5).

Le statut autoentrepreneur

Pour ma part, j'ai opté pour le statut de l'autoentreprise, et je vais donc parler plus spécifiquement de celui-ci. Pour le CFE (centre de formalités des entreprises), l'entreprise individuelle prend automatiquement notre nom. Il est possible cependant, si on le désire, de déposer le nom original auquel on se réfère auprès de l'INPI (institut national de la propriété industrielle). À titre d'exemple, j'ai déposé la marque « La Clef d'Harmonie » pour un coût à vie de 200 €. En ce qui concerne mon expérience au moment de la déclaration en autoentreprise, voici ce qui se passe en

Région Midi-Pyrénées. Actuellement, quand on demande à l'Ursaff de nous déclarer en micro entreprise individuelle option micro sociale, elle nous met d'office en autoentrepreneur, la case micro entreprise n'existant plus dans l'ordinateur pour ce qui concerne l'option « micro social ». Nous avons toujours l'illusion d'être libres, mais, à notre insu, l'administration française décide souvent pour nous. La loi Pinel du 18 février 2014 va de toute façon dans ce sens pour une application au 1er janvier 2015.

On peut trouver sur le site Evoportail toutes les informations concernant la pérennisation du statut de l'autoentrepreneur (**WDS6**).

Autoentrepreneuse, je me suis donc déclarée en profession libérale tout d'abord en tant que coach. Inscrite comme coach, l'INSEE m'a attribué le code APE 9609Z. Ce code APE a un but statistique. On parle souvent de code NAF ou APE en disant que c'est la même chose. Attribué par l'INSEE aux différents secteurs d'activités économiques, le code NAF (Nomenclature d'activités française) permet d'allouer un code APE (Activité principale exercée) à chaque entreprise française. En fait, il serait plus juste de parler de la liste des codes APE de la NAF. Ayant élargi mon champ de compétences, j'ai ensuite demandé à l'INSEE un changement de code APE pour prendre le code « 8690F », « activités de santé humaine non classées ailleurs ». Toujours coach, et travaillant en relation d'aide comme activité principale, en utilisant notamment la psychopédagogie vocale, j'ai cependant rejoint le réseau Edonis qui m'a conseillé de prendre ce code APE. Cependant, cela ne m'empêche pas de conserver mon identité de Coach, identité que j'ai choisie comme alternative à celle de Thérapeute.

Allons voir ce que dit la chambre syndicale des sophrologues au sujet de ce code APE « 8690F » (**WDS7**). Elle recommande aux sophrologues de s'enregistrer auprès de l'INSEE en déclarant comme activité « sophrologue », sans ajout de mentions complémentaires comme massage ou yoga afin d'obtenir le code « 8690F » qui seul relève d'une activité libérale. On apprend ainsi que le code « 9609Z » que l'on m'avait attribué d'office relève d'une activité de prestations de services (commerçants) et convient aux personnes qui souhaitent déclarer une activité à orientation corporelle et Bien-être. Je sais aussi que pour les esthéticiennes le massage est traité par la chambre des métiers, mais sur le site de la fédération française des réflexologues on apprend par exemple que pour être sous le statut d'auto-entrepreneur, il est préférable de déclarer à l'Urssaf l'activité d'entretien corporel avec le code APE 9604Z. La fédération française des réflexologues indique que le code « 8690F » activité de santé non classée ailleurs, n'est pas reconnu par la CIPAV (caisse de retraite des professions libérales) et que, suivant les départements, on va adhérer à la CIPAV avec le RSI Profession Libérale, ou à la caisse des artisans. Ah bon ? Je poursuis donc mon enquête.

Il y a deux RSI en France. Le RSI pour les artisans et commerçants qui gère pour eux l'ensemble des allocations familiales, le côté assurance maladie et la retraite, et un RSI profession libérale avec 3 caisses (Urssaff, RSI, sécurité sociale et maladie), et un organisme pour la retraite CIPAV, ou autre. Les métiers des professionnels libéraux sont affiliés à la CIPAV, mais, si j'ai bien compris, certains sont rattachés aux artisans. On peut se renseigner au « 3698 » qui est le numéro concernant les cotisations et les affiliations des artisans commerçants , et au « 3648 » pour les questions concernant la retraite, la santé et autres services. Le numéro de la CIPAV est le « 01 44 95 68 49 ». Je prends plusieurs contacts téléphoniques et n'arrivent pas à avoir de réponse précise et claire. Au RSI je finis par obtenir une adresse mail qui permet de se renseigner plus précisément sur les conditions d'affiliation (***WDS8**), car ils ne sont pas habilités à répondre au téléphone à ce type de question. Je finis également par avoir au téléphone « 01 44 95 01 50 » une juriste de la CNAVPL (caisse nationale d'assurance vieillesse des professions libérales) qui m'explique que le code APE n'est pas un élément d'affiliation. Elle me parle du RSI Midi Pyrénées. J'avoue que je trouve cela bien compliqué et me dit que franchement on a autre chose à faire que toutes ces complications administratives quand on veut juste exercer son activité. Mais enfin, qui sont toutes ses administrations ? Cette juriste m'explique que le début d'activité est très important, et qu'il est supervisé par le CNIC Morbihan. Depuis 2011, le CNIC est chargé de l'instruction préalable des déclarations de début d'activité des non-salariés. Un article très bien fait est disponible sur le site d'AGA France (association de gestion agréée) dans actualités juridiques (***WDS9**).

Je comprends donc qu'au démarrage de son activité, il faut remplir sa déclaration avec la plus grande attention. Au moment de l'inscription, il faut être très précis et vigilant par rapport aux indications que l'on donne concernant son activité principale et ses activités secondaires. Par exemple, tout ce qui touche à la Relaxation et au Massage c'est le RSI rattaché artisans, et Coach en développement personnel c'est la CIPAV. Les taux de cotisations ne sont donc pas les mêmes en fonction de la caisse d'affiliation, ni les prérogatives. Si on fait à la fois de la Relaxation et du Coaching, « on joue aux dés », comme me l'a dit une juriste, car les différentes administrations chercheront à définir qu'elle est la part la plus importante de nos activités et il pourra y avoir un redressement de cotisations important. Bien évidemment, si on n'est pas d'accord il faut être précis. Il est possible de demander une clarification à ce sujet auprès de la caisse nationale du RSI à l'adresse suivante « Pôle réglementation 264 av. du Président Wilson 93457 La Plaine Saint Denis cedex ». Cette adresse est valable pour les praticiens de toutes les régions. Le contact téléphonique est le « 01 77 93 00 00 ».

En résumé, on peut dire que pour tout ce qui correspond au Bien-être ce sera le RSI rattaché artisan. J'apprends aussi que les conditions sont également différentes pour les autoentreprises et les entreprises et que, pour les autoentrepreneurs, le RSI rattaché artisan est donc plus cher que la CIPAV. Pour le volet retraite, des métiers comme relaxologue, massopraticien, sonothérapeute, énergéticien... seront rattachés au RSI artisans, bien qu'ils ne soient pas artisans, mais bien profession libérale. Tous les métiers qui tournent autour du « psy », la relation d'aide, kinésithérapeute, professeur de yoga, coach en développement personnel... seront rattachés à la CIPAV. Pour les praticiens et thérapeutes qui mélangent les activités, c'est délicat, car pour tous ces organismes on est l'un ou l'autre, et ils vont devoir regarder ce que l'on fait le plus. Avec le RSI on paye plus de cotisations, mais on a droit aux IJ (indemnités journalières), ce qui n'est pas le cas avec la CIPAV. Les cotisations retraite dépendent aussi des revenus. Pour la CIPAV il y a des tranches et pour le RSI des pourcentages. Pour le RSI on aura l'aspect invalidité décès + IJ, et pour la CIPAV on va regarder l'ensemble. Bon, franchement, de mon point de vue, même si globalement je viens enfin de comprendre le fonctionnement, cela reste la « planète mars » pour moi. J'ai l'impression que la société fonctionne sous forme de strates qui ne communiquent pas ensemble.

Mais la question fondamentale reste bien : « comment trouver le temps pour maitriser tous ces paramètres quand on doit déjà développer son activité et gagner de quoi nourrir sa famille »? Mais qui a le temps de faire tout cela ?

Regardons donc également l'aspect assurance maladie qu'il ne faut pas négliger non plus. Quand on opte pour l'autoentreprise, on quitte le régime classique de la sécurité sociale CPAM (caisse primaire d'assurance maladie) pour être pris en charge par la RAM (réunion des assureurs maladie) qui concerne les personnes affiliées au RSI. La Ram sera donc le nouveau régime d'assurance maladie obligatoire. Pour ma part je dépends de la « RAM PL Province » qui va me proposer deux adresses. « RAM PL Province 14, allée Charles Pathe – 18934 Bourges cedex » pour les correspondances concernant les remboursements de prestations et les documents liés aux prestations. « RAM PL Province » 34 bd d'Estienne d'Orves 72902 Le Mans cedex, pour tous les règlements de cotisations et courriers (rattachement d'un bénéficiaire, changement de coordonnées, ...). Pour les professionnels d'île de France, l'adresse sera « RAM BP 10450- 75871 Paris cedex 18 » (***WDS10**). Si l'on choisit, par sécurité, de cumuler un emploi salarié et une activité d'autoentrepreneur, on va cotiser simultanément aux deux régimes, salarié et non salarié. Le droit aux prestations sera ouvert dans le régime dont relève l'activité principale. Pour obtenir plus d'informations, consultez le site de l'APCE qui explique parfaitement le cumul d'une activité indépendante et d'un emploi salarié (***WDS11**).

Si l'autoentrepreneur ne fait aucun chiffre d'affaires, il peut cependant rester deux ans sans activité tout en conservant son statut juridique et la protection sociale correspondante, même s'il ne paye aucune cotisation (***WDS12**). L'autoentrepreneur a cependant obligation de déclarer son chiffre d'affaires même nul à l'URSSAFF. Afin de percevoir l'intégralité de ses allocations, l'autoentrepreneur qui bénéficie d'allocations chômage doit également déclarer l'absence de son chiffre d'affaires nul à Pôle Emploi. De toute façon, l'autoentrepreneur doit informer préalablement son antenne Pôle emploi de son activité. C'est obligatoire pour obtenir les aides disponibles. On devient ainsi chômeur créateur d'entreprise, ce qui dispense de recherche d'emploi et nous fait sortir des statistiques officielles du chômage.

Comme toute entreprise, l'autoentrepreneur a aussi des obligations comptables. La comptabilité est allégée, mais il est obligatoire de remplir un registre des recettes. Pour les professions libérales, il n'y a pas obligation à remplir un registre d'achats, mais cela peut aider à avoir une vision globale des dépenses engagées et de mieux suivre le développement de son entreprise. Et bien sûr il faudra établir des factures pour chaque client reçu. Se munir donc d'un facturier et d'un tampon avec toutes les coordonnées. Il est obligatoire que le numéro de SIRET (Système d'identification du répertoire des établissements), et le code APE, figurent sur le tampon de l'entreprise ; donc, en cas de changement de code APE, qui impliquera de fait un changement du code SIRET, il faudra recommander un nouveau tampon et donc prévoir des frais complémentaires. Je rappelle que les bénéficiaires du régime de l'autoentreprise sont dispensés de TVA, ce qui implique qu'aucune TVA ne pourra être récupérée, ce qui est on ne peut plus logique. Pour des informations détaillées sur les obligations comptables il suffit d'aller sur le site « Planète Auto-entrepreneur » (***WDS13**).

A priori, mon activité est calibrée pour l'auto-entreprise, mais je m'inquiète pour les frais professionnels : déplacements, téléphone, fournitures et frais pour ma communication et le fonctionnement, la location éventuelle d'un cabinet pour exercer, ou de salles pour organiser des stages. Beaucoup de charges annexes sont à prendre en compte auxquelles on ne pense pas. Par exemple, il faudra ouvrir un compte bancaire professionnel ce qui implique des frais qui peuvent être lourds à porter. À la Banque Postale, qui offre des conditions très abordables par rapport aux autres banques, les frais pour un compte professionnel s'élèvent à 16 € par trimestre, plus 5 € par mois pour la connexion internet. Pour un particulier le prix est de 85 cts d'euros par trimestre avec une connexion internet gratuite. Il faut savoir que, comme en autoentreprise on est déclaré en nom propre, il est donc possible d'ouvrir un second compte postal en son nom, ce qui permettra de séparer l'aspect financier personnel de l'aspect financier professionnel, sans surcoût majeur.

Il paraît qu'un des avantages du statut autoentreprise est que les formalités administratives sont réduites au maximum, mais quand on regarde de près, je trouve pour ma part que c'est quand même complexe, et rempli de mauvaises surprises. Bon d'accord, les charges sociales à payer sont fixées au prorata de ce que l'on encaisse, et, si je reprends une activité salariée, je peux cumuler, comme on l'a vu plus haut, le statut salarié et le statut autoentrepreneur. Si je souhaite fermer mon autoentreprise, cela me coûtera peu d'efforts, et en principe pas d'argent.

En résumé, l'avantage avec ce statut autoentrepreneur est que l'on ne paye rien si on ne fait pas de chiffre d'affaires, et que l'on peut continuer à être salarié à côté. Mais n'oublions pas la CET (contribution économique territoriale), qui remplace la taxe professionnelle, et la CFE (cotisation foncière des entreprises), qui est l'une des deux composantes de la CET. On apprend que l'autoentrepreneur est exonéré de cette cotisation uniquement pour la première année d'activité. Cependant cela revient a une hausse du foncier. Pour un chiffre d'affaires HT supérieur ou égal à 100 000 €, il faudra s'acquitter d'un impôt minimum de 228 € en fonction de son siège social. Encore de bonnes nouvelles ! (***WDS14**).

Pour plus d'informations concernant la CFE que tous les autoentrepreneurs vont payer dès 2015, rendez-vous sur le site de la Fédération des autoentrepreneurs (***WDS15**).

On peut donc constater que tout est vraiment fait pour compliquer les démarches et toujours faire payer plus : taxe, formulaire, date butoir, taxe, formulaire, date butoir, on peut vite avoir le tournis...

En ce qui concerne le régime de l'autoentreprise, il y a un abattement de 34 % sur le chiffre d'affaires pour les impôts, ce qui correspond à un abattement forfaitaire pour frais professionnels. C'est sur le chiffre après abattement que l'on paiera nos impôts. Pour choisir les frais réels, il faut que les rentrées d'argent soient régulières et conséquentes. On peut choisir le versement fiscal libératoire qui correspond à 2,2 % du chiffre d'affaires mensuel pour les activités de prestations de services ou les activités libérales relevant fiscalement des bénéfices non commerciaux (BNC). Une fois payée on ne revient pas dessus, donc pas de mauvaises surprises fiscales en vue.

Par contre, si on ne paye pas d'impôts au moment de la création, il faut mieux attendre pour le versement fiscal libératoire. On opte pour ce versement avant le 31 décembre de la fin de l'année pour toute l'année suivante. La limite de ce système c'est qu'il est extrêmement difficile de préjuger du chiffre d'affaires que l'on va effectuer et on paye souvent l'impôt libératoire alors que l'on aurait été non imposable. Pour moi qui ai un mari intermittent du spectacle, c'est un véritable casse-tête chinois. Je trouve ce système particulièrement stupide, car on ne sait pas toujours comment notre activité va se développer. Même si on peut mettre son projet en perspectives, on ne peut raisonnablement connaître à l'avance le développement de sa clientèle, notamment en milieu rural, et au vu de l'instabilité économique actuelle. On risque donc de payer des impôts, alors qu'on ne devrait pas en payer en fonction de sa situation familiale. L'intérêt est que l'on se sent cependant débarrassé « d'une » de toutes ces pressions administratives, et l'on se dit que sur ce point, au moins, on a réussi à régler quelque chose d'une manière irrévocable.

Pour plus d'informations on peut consulter le site de l'autoentrepreneur (**WDS16**), et le site « je crée » (**WDS17**) qui répond à nombres d'interrogations ciblées. On apprend aussi les effets de la loi Pinel sur le site de la CCI Ile de France avec trois mesures phares : Suppression de la dispense d'immatriculation au registre des commerces ou des sociétés (RCS) ou au régime des métiers (RM), modification du régime micro social, sortie du régime micro fiscal (**WDS18**). À noter que les activités libérales ne sont pas soumises à l'obligation d'immatriculation.

Assurances et protection sociale
Il existe un organisme « Entrepreneurs de la Cité », fondation reconnue d'utilité

publique, dont la mission est de protéger les micros-entrepreneurs (***WDS19**).

Cet organisme propose une « trousse 1ère assurance ». Les cotisations d'assurance, tout comme les complémentaires santé, sont déductibles du bénéfice imposable, mais pas pour les autoentrepreneurs. Je n'ai pu bénéficier de cette aide qui ne correspondait pas à mes attentes, mais elle pourra éventuellement être utile à d'autres futurs professionnels du Bien-être. Pour ma part c'est chez Groupama que j'ai trouvé la meilleure offre d'assurance professionnelle. Cependant, le site « isthme formation » dont je parle au début du chapitre « droits et statuts » insiste bien sur le fait qu'il est « nécessaire d'avoir une Assurance Responsabilité Civile Professionnelle (RCP) et une assurance animation de groupe (si tel est le cas) ». Ce site conseille de contacter de sa part l'agence AXA Assurance de Monsieur *Pierre ZADOK* (***WDS20**). On apprend en effet qu'une assurance RCP a été créée spécialement pour les thérapeutes. On peut joindre cet agence, qui est située dans le 16ème arrondissement de Paris au 01 43 59 48 11. J'ai trouvé plusieurs fois cette agence citée dans le secteur du Bien- être, et il est donc certainement intéressant d'entrer en contact avec elle.

Le portage salarial

Pour tous ceux qui ne sont pas séduits par le statut de l'autoentreprise, il est possible d'opter pour le portage salarial. L'intérêt principal du portage salarial est que l'on garde les avantages du salariat. On peut consulter le guide du portage salarial (***WDS21**) qui propose même une version en vidéo pour présenter le concept. Une série de quatre vidéos est mise à notre disposition, mais le site renvoie sur un site complémentaire, si l'on souhaite obtenir plus d'informations en vidéo sur le portage salarial avec la « Web TV ITG » (***WDS22**).

Trois organismes sont spécialisés dans les métiers du bien-être : « Héliaportage » qui offre un portage salarial exclusivement dédié aux thérapeutes, aux praticiens en médecine alternative, aux spécialistes de la santé et du Bien-être (***WDS23**) ; « l'Aegid » qui propose un portage salarial spécifique pour les professionnels de la forme, du Bien-être et du développement personnel (***WDS24**) ; « Autonomia » spécialisé dans le portage du secteur Santé et Bien-être (***WDS25**).

Il y a quelques mois je me suis déjà posée la question de passer en portage salarial et Héliaportage m'avait dit que le portage salarial devenait intéressant à partir du moment où l'on atteignait environ 1500 €. Cependant, il est tout à fait possible de choisir ce type de statut si l'organisme de portage ne fixe pas un plafond minimum de chiffre d'affaires. Par exemple, pour Heliaportage, il n'existe pas de plafond, mais, à titre d'exemple, pour des honoraires hors taxes de 0 à 750 € mensuels, les frais de gestion mensuels s'élèveront à 75€ HT forfaitaires mensuels. Et évidemment, comme dans tous les systèmes de notre société, plus on gagne et moins on paye. Donc plus le salaire mensuel est important, moins on paye de frais de gestion. Pour Heliaportage et Aegid, le système est dégressif par tranches. Cependant, chez Aegid, aucun frais fixe n'est prélevé ou facturé, ni frais de dossiers, ni cotisations d'assurance professionnelle, même en cas de suspension des activités. Les salaires sont calculés à partir d'un disponible de 300 € HT, à défaut les sommes sont reportées sur le mois suivant. On peut consulter le manuel de fonctionnement de l'Aegid (**WDS26**).

Autonomia ne prend également aucuns frais. Idéalement, voici comment cela se passe en portage chez Autonomia : le porté prospecte et intervient auprès de ses clients. Autonomia salarie et prend la responsabilité des prestations. Le service administratif s'occupe de tout ce qui est « compta et gestion des salaires », et le service ressources humaines aide à évoluer. On se concentre sur notre pratique, et Autonomia s'occupe du reste. « Le portage salarial transforme donc notre chiffre d'affaires en salaire » et avec Autonomia, on devient salarié, et on bénéficie d'une couverture sociale très avantageuse normalement réservée aux salariés des départements « 57,67 et 68 » dont le siège social de l'entreprise est enregistré dans ces départements. Le remboursement social s'élève à 90% au lieu de 70% grâce à la situation géographique d'Autonomia implantée dans le département du Haut-Rhin (68). On exerce son métier de manière indépendante et sécurisée. Les avantages sont les suivants : aucune démarche administrative, aucune comptabilité à tenir, aucune déclaration sociale à effectuer, gestion des notes de frais, aucune création d'entreprises ni immatriculation, CDI (contrat à durée indéterminée), aucune taxe professionnelle - Contribution Economique Territoriale (CET), formation, apprentissage...-, aucuns frais fixes ni minimum de facturation, aucun risque de faillite personnelle, aucun frais bancaire. Il faut cependant informer par courrier de ses dates de congé payé. La règle des congés payés est la même qu'en Intérim, c'est : la règle du 1/10ème. Si le chiffre d'affaires le permet, le remboursement des frais de gestion et de fonctionnement est intégral. C'est aussi plus intéressant pour les impôts de déduire ses frais de fonctionnement. Le salaire est perçu sur la base du chiffre d'affaires hors taxe encaissé mensuellement. En ce qui concerne la gestion du compte, les frais couvrent l'assurance responsabilité civile et professionnelle. Le gros souci c'est les 20% de TVA qu'on ne peut pas récupérer. Le client, lui, peut récupérer la TVA, mais pas nous. Avec les frais de gestion, cela fait d'office 30% de moins qu'en autoentreprise, c'est énorme !
Pour le volet formation, par contre, chez Autonomia, il n'y a pas de TVA. « Les

organismes de formation de droit public sont exonérés de plein droit de la TVA sur les actions de formation qu'ils dispensent. Les organismes de formation de droit privé sont assujettis à la TVA. Cependant, ils peuvent bénéficier, sur option, d'une exonération de la TVA s'il le demande ». On peut donc obtenir un numéro de formateur par Autonomia, numéro qui a été délivré par la DRTEFP (Direction régionale du Travail, de l'Emploi et de la Formation Professionnelle). Un des grands intérêts pour moi du portage salarial est l'accès à un numéro d'organisme de formation. Nous verrons plus loin la complexité de la gestion du volet formation lorsque l'on gère une entreprise. En portage salarial une grande partie est gérée par l'organisme porteur. Comme me le confirme Autonomia, il est également possible d'être dans deux structures différentes en portage salarial : une pour le bien-être, et l'autre pour la formation, mais est-ce judicieux ? On peut aussi rester en autoentreprise pour le côté bien-être, et en portage salarial pour l'aspect formation. On risque cependant de payer des cotisations en double pour rien, et pour la sécurité sociale, c'est le plus fort des deux qui l'emporte ; mais tout s'étudie.

En portage salarial on n'a généralement pas le droit au chômage même si certains le disent, car on ne cotise pas suffisamment en fonction du plafond demandé. Autonomia est membre de l'UNEPS (Union nationale des entreprises de Portages spécialisées). Les sociétés de portage qui adhèrent à l'UNEPS (l'un des trois syndicats des sociétés de portage) ne cotisent pas à l'UNEDIC (**WDS27**).

Il faut donc prendre le temps de bien comparer les différentes propositions de portage salarial, en fonction de ses besoins, car ces différents organismes ne proposent pas tout à fait les mêmes services, notamment en ce qui concerne le remboursement des frais de fonctionnement. Dans tous les cas, qu'il choisisse l'un ou l'autre de ces organismes, le praticien peut bénéficier d'un numéro d'organisme de formation pour les prestations dispensées dans le cadre de la formation professionnelle continue, ce qui sera géré par la structure qui s'occupe également de la facturation, des salaires, des cotisations. Mais quand même, on lit sur le manuel de fonctionnement de l'Aegid qu'en ce qui concerne la formation professionnelle nommée ici « formation conventionnée », un guide plus détaillé est à notre disposition sur demande. Mais où trouver le temps de lire et faire tout ça ?

Devenir organisme de formation dans le cadre de son entreprise ou autoentreprise

On peut également devenir soi-même organisme de formation, mais ce n'est pas si simple. Là encore le fonctionnement est complètement archaïque. Il faut d'abord avoir un premier client pour déposer son dossier. Il faut ensuite aller sur le site de la DIRECCTE (Direction régionale de la Concurrence, de la Consommation, du Travail et de l'Emploi) de sa région pour effectuer sa demande de déclaration de prestataire de formation professionnelle. Pour trouver celle qui nous correspond il existe un portail de la DIRECCTE (***WDS28**). Pour ma part il s'agit de la DIRECCTE Midi-Pyrénées qui me permet d'accéder à la procédure de déclaration (***WDS29**). La demande peut être refusée, et l'on reçoit alors un courrier recommandé qui notifie le refus d'agrément. Il s'agit de ne pas se tromper, car de nombreuses règles sont à respecter. Pour une demande de formation d'un particulier il faut signer un contrat, pour une demande émanant d'une entreprise il faut signer une convention. Ne pas oublier non plus de décrire le poste de travail s'il s'agit d'un particulier. Une seule erreur et la demande d'agrément est refusée. On peut cependant « à tout moment entreprendre une nouvelle démarche de déclaration d'activité pour toute autre action susceptible de relever du champ législatif et réglementaire de la formation professionnelle continue ». Donc certaines précautions sont à prendre comme de ne surtout pas employer de mots qui peuvent avoir une connotation « développement personnel ». En effet, « les actions dont l'objectif n'est pas l'apprentissage de compétences ou savoir-faire propres à certaines fonctions, ou à l'occupation de certains postes de travail, ne peuvent être considérées comme entrant dans le champ de la formation professionnelle. » Voici ce que stipule l'article 6311-1 du code du travail *« La formation professionnelle continue a pour objet de favoriser l'insertion ou la réinsertion professionnelle des travailleurs, de permettre leur maintien dans l'emploi, de favoriser le développement de leurs compétences et l'accès aux différents niveaux de la qualification professionnelle, de contribuer au développement économique et culturel, à la sécurisation des parcours professionnels et à leur promotion sociale. Elle a également pour objet de permettre le retour à l'emploi des personnes qui ont interrompu leur activité professionnelle pour s'occuper de leurs enfants ou de leur conjoint ou ascendants en situation de dépendance ».* Mais le praticien qui, s'il en a les qualifications, peut aussi souhaiter être formateur se retrouve seul au monde pour effectuer toutes ses démarches administratives qui ne font que commencer. Car ensuite, une fois l'agrément accepté, il faudra aussi gérer chaque demande de formation au cas par cas en fonction de OPCA (organisme paritaire collecteur) de référence. En effet, agréé par l'état, les OPCA correspondent à une branche professionnelle et sont donc différentes en fonction des métiers exercés.

Youpi ! Encore de la paperasse en perspective... Il existe un Abécédaire des droits et obligations des dispensateurs de formation qui stipule cependant dans un « encart avertissement » que leur document n'est pas exhaustif et qu'il ne présente que quelques points importants du dispositif législatif encadrant le domaine particulier d'activité qu'est celui de la formation continue ; à consulter sur le site de la DIRECCTE (***WDS30**). Chouette, de quoi occuper toutes ses soirées à venir... Mais qui me paye pour cela moi qui ne suis pas embauchée par l'état ni par une entreprise ? Comment puis-je être seule dans la pratique, la communication, la préparation des formations, la prospection de clientèle et la gestion administrative ? Je réalise à quel point la toile d'araignée des postes de l'administration s'entrelace à l'infini. J'apprends aussi sur le site de l'Arifor (Action Régionale pour l'Information sur la Formation et l'Orientation) que « les organismes sans activité de formation durant un exercice comptable clos – y compris l'année de déclaration –, et les organismes n'ayant pas renvoyé pendant cette même période leur bilan pédagogique et financier, deviennent caducs et ne peuvent donc plus organiser et facturer des actions de formation professionnelle continue » (***WDS31**). Ce document est très bien fait et nous avons le plaisir de lire sur la première page « Nous vous en souhaitons une bonne lecture », ce qui fait vraiment chaud au cœur vu l'ampleur de la tâche qui nous attend. Enfin, je parle de tous ceux qui auront le courage de se lancer dans l'aventure de la formation professionnelle nécessaire pour tout un chacun.

Plus j'avance dans mon état des lieux, et plus je suis vraiment stupéfaite, à chacune des étapes de mes recherches, de découvrir encore et encore un nouvel organisme. Documentaliste de formation, je le suis restée dans l'âme, et j'ai l'habitude de glaner multitudes d'informations ; mais j'avoue que je suis impressionnée de la complexité de l'administration française, bien loin de mes préoccupations d'accompagnatrice en relation d'aide. La formation professionnelle va être réformée très bientôt, et toutes les nouvelles dispositions sont sur le site du Ministère du Travail et de l'Emploi. La clé de voûte de la réforme est le compte personnel de formation (CPF) qui pourra être ouvert dès l'âge de16 ans. Ce CPF sera opérationnel dès le 1er janvier 2015 et entrainera la fin du DIF (***WDS32**)

Le Droit à la formation

Pour les professions libérales, l'OPCA de référence est le FIFPL (Fonds interprofessionnel de formation des professionnels libéraux). « Au service de la formation professionnelle des libéraux depuis plus de vingt ans », comme l'annonce leur site, le FIFPL est en « Burn Out administratif ». J'ai vécu un véritable cauchemar dans ma relation avec cet organisme que l'on ne peut contacter. Impossible de les joindre par téléphone malgré des heures d'attente au téléphone, à en piquer une crise de nerfs ! Et je ne compte pas les mails, restés sans réponse, que j'ai envoyés du genre : « *Bonjour, j'ai déposé une demande datée du 12 mars 2014 au nom de Madame ARNOLD (siret 752 152 272 00023 code APE 8690 F) pour une formation qui a eu lieu en avril 2014. Pas de nouvelles depuis, pas même un numéro de dossier. Merci de me tenir le plus rapidement possible au courant de la suite de mon dossier.*

La personne responsable de ma profession, "code APE 8690 F", ne répond jamais au téléphone aux heures pourtant imparties c'est-à-dire de 11h à 13h ; le standard, aux horaires normaux d'ouverture non plus. Je cherche donc à vous joindre par téléphone depuis des jours et des jours, des heures et des heures sans succès, et on m'avait pourtant dit que j'aurais une réponse courant mai. Y a-t-il une pétition à signer auprès de la Direction de la FIFPL pour embauche d'employés ? Un standard qui ne répond jamais et qui finit par couper cela existe ? Un chargé de formation qui ne répond pas dans son créneau horaire cela existe ? Moi aussi j'ai du travail et autre chose à faire que de passer des heures à mouliner dans le vide. C'est épuisant ! Je me sens vraiment très affectée de cette situation, c'est insupportable, car on se retrouve à la fois impuissant et totalement nié. Dans l'attente de votre réponse, je vous souhaite de trouver une façon plus adéquate de gérer cet organisme de formation aux abonnés absents. »

J'ai finalement réussi à obtenir un virement sur mon compte le 5/08/14 pour une formation qui a eu lieu début avril 2014, avec une demande effectuée plus de deux mois avant la date de début de stage. Six mois pour recevoir sa prise en charge, il y a vraiment de quoi être découragé : c'est scandaleux ! Je n'ai pas eu le courage, depuis, de réitérer une demande de formation, et je ne dois pas être la seule... Bonne méthode donc, pour le FIFPL, de faire des économies !

Pour télécharger le formulaire de prise en charge, rendez-vous sur le site de FIFPL (*WDS33). ATTENTION : Le FIFPL vous recommande d'effectuer vos démarches en ligne ; simple et rapide, accédez à vos services en ligne dès maintenant. Le site a changé dernièrement, mais je ne trouve toujours pas mon code...

La contribution est passée, dans le cadre de la loi de finances rectificative pour 2012, de 0,15 % à 0,25 % du plafond annuel de la Sécurité Sociale (93 € en 2014). 0,20 % pour la formation professionnelle à laquelle nous avons donc accès et c'est intéressant, quand ça marche !

Prêts et accompagnement à la création d'entreprises

Pour démarrer son projet, il est possible de se faire accompagner par une BGE (boutique de gestion) ou une CAPCOOP. C'est très administratif, mais cela oblige à clarifier son projet et à le mettre en perspective. Pour tester son projet d'entrepreunariat, on peut rejoindre une BGE (Boutique de Gestion) en couveuse (*WDS34) ou une CAE (Coopérative d'activité et d'emploi) (*WDS35). Il est également possible d'obtenir un prêt de l'ADIE (*WDS36) avec une aide complémentaire de la région permettant d'obtenir un gain total net de 1200 euros d'aide pour démarrer, mais toutes les régions ne proposent pas ce dispositif. Pour les personnes reconnues « travailleurs handicapés », l'Agefiph ne prend plus en compte les demandes de créations d'entreprises dans le secteur paramédical.

Asseoir son activité

Le temps pour développer une clientèle se compte en mois voir en années, encore plus lorsque l'on réside dans une zone économiquement peu porteuse. Trois à cinq ans dit-on ! Pour pérenniser son activité, il faut donc de la patience, de la persévérance et aussi certains moyens financiers. Un revenu complémentaire peut-être une solution pour aider au développement pérenne de son projet. Un travail si possible qui demande peu d'investissement en terme d'implication psychologique, de façon à avoir l'esprit libre pour peaufiner son installation. Je pense qu'il ne faut pas être gêné d'accepter de faire ce choix. Réussir un projet, c'est avant tout s'en donner les moyens. La route n'est jamais toute droite tracée, et il faut savoir se mettre en capacité de pouvoir contourner ou gravir les obstacles en fonction des écueils rencontrés, et surtout éviter de « buter contre », de s'entêter par orgueil ou dépit. Tout est une acceptation de l'instant présent, même quand il ne correspond pas à celui rêvé.

Ne pas remplir son cabinet dès le début de son activité n'est pas signe que l'on a pas de talent. Il s'agit tout particulièrement de rester à l'écoute de son environnement et de suivre son intuition. Et surtout éviter de perdre du temps dans des projets qui vont demander beaucoup d'investissement, beaucoup d'énergie, et seront peu porteurs ; comme d'animer des ateliers hebdomadaires avec deux ou trois personnes à un prix très modique pour imaginer développer sa clientèle. Pour atteindre son objectif il faudra mettre en place une stratégie, et peu importe que l'on soit contraint à utiliser des chemins détournés pour arriver à bon port, le but projeté étant bien évidemment l'arrivée. Tout ce que l'on entreprend demande du temps à l'image de la maison que l'on construit en veillant à consolider les fondations. Comme nous le rappelle la fable de **La Fontaine** « *Le Lièvre et la Tortue* » : « *rien ne sert de courir, il faut partir à point* ». Ne pas confondre donc « vitesse et précipitation », car il est essentiel de soigner la qualité du temps passé à construire son ambition. Et si l'arrivée est le point de mire visé, « *le but, c'est le chemin* » nous indique **Goethe**. « *Le but n'est* pas *seulement le but, mais le chemin qui y conduit* » dit encore **Lao Tseu**. Le temps du parcours est donc le temps de la construction. Il ne faut jamais oublier que le temps passé à l'élaboration consolidera l'ensemble des actions entreprises. Ce temps d'accès à soi, ce temps de gestation sera fondateur, et participera à une transformation digeste et enrichissante, respectueuse du cycle nécessaire à toute naissance, quelle qu'elle soit.

CONCLUSION

« Ce que j'aime avant tout c'est Apprendre et Transmettre, Ecouter et Résonner,
Regarder et Ressentir, Voir et Guider, Soutenir et Porter, Aider à Re-lier l'Intention
à l'Expression, la Conscience à la Présence, le Plaisir à l'Envie,
la Joie à l'Emotion, la Parole au Chant »
Devi

Re-Connaissance de Soi

Pour réussir, il faut du talent, du travail et de la chance... Mais aussi, comme je le dis dans le chapitre sur le Coaching, être conscient de « Sa Valeur », et de « Sa Possibilité » d'interagir au monde. S'autoriser à rencontrer ses possibilités pour développer sa force, et activer son attention au monde, c'est la porte ouverte à être une opportunité qui s'additionne pour mieux se multiplier.

ACCOMPAGNER

Accompagner, c'est accepter l'autre dans sa différence et sa spécificité : *« La possibilité de vivre commence dans le regard de l'autre »* **Michel Houellebecq**

Accompagner, c'est transmettre la passion d'une vie, mais c'est aussi partager des compétences acquises et expérimentées.

Accompagner, c'est pouvoir aider chacun à oser être, à oser agir, à oser s'autoriser à trouver ses propres solutions adaptées à chaque situation, si particulière ; *« Ce n'est pas parce que les choses sont difficiles que nous n'osons pas, c'est parce que nous n'osons pas qu'elles sont difficiles »* **Seneque**

Accompagner, cela se choisit, et cela à un coût ; quand on est professionnel, on fixe un tarif et on ne se laisse pas démoraliser par le « tout gratuit », le « tout bénévole », le « donner ce qui vous convient » qui résonne en écho à nos propositions.

Accompagner, en développement personnel, sans avoir fait soi-même le parcours de l'exploration, c'est prendre le risque de se brûler les ailes.

Chaque jour il est en effet fondamental, pour le Praticien, de prendre « *un Temps pour soi* », à travers une ou des pratiques : Respirations, Relaxation, Autohypnose, Yoga du Son, Digipuncture, EFT, Méditation, Qi Gong... quel bonheur d'avoir tous ces outils à notre disposition ! Prendre le temps de "s'Ecouter" pour mieux être en p ossibilité "d'Ecouter l'autre en soi" est incontournable…

J'utilise très régulièrement la méditation guidée, et j'ai beau réécouter chaque jour le même exercice, à chaque fois la sensation est différente ; j'entends toujours autre chose : un mot, soudain, qui ressort d'un passage, et auquel je n'avais pas prêté attention, vient me livrer un message : ma leçon du jour… jamais je ne me lasse, car je me sens toujours acteur participant à ce qui parvient à mon ouïe. La digipuncture, quant à elle, me met en énergie d'une façon simple où que je sois ; l'Autohypnose me permet de récupérer instantanément ; le yoga du son, ou toute autre pratique sonore me fait « Exister », me rend présente au monde, et m'aide à me reconnecter à mon essence **(*G)** même, à mon essentiel. « *Alors surtout, n'hésitez pas, transformez à votre gré chaque instant qui passe, car nul ne revient* » **Devi**

Trans-Mission
J'ai décidé de développer un projet qui puisse toucher mon coeur. Les activités que j'utilise en relation d'aide me rendent « Vivante ». Elles correspondent complètement à ma vision de la dynamique et de l'énergie de vie, qui, comme je le conçois, doit circuler en évitant toute cristallisation. Aller plutôt avec, qu'aller contre ; se mettre en capacité d'accueillir et non de recevoir – dans le sens passif du terme –.
« Passeur de sons », je souhaite que chacun et chacune puissent faire sien ce message : « *Je Peux ce que je Veux* », qui est une vocalise de **Marie-Louise Aucher** que j'utilise très souvent dans mon accompagnement vocal.

Dans cet ouvrage, même si mon compte rendu n'est pas exhaustif, j'ai également eu envie de faire le point sur l'environnement administratif inhérent à tout développement professionnel. On ne peut être exclusivement dans la pratique. Gérer et apprendre à gérer est indispensable. Prendre le temps de choisir le mode de fonctionnement qui colle le mieux à sa personnalité est donc capital. Ne pas hésiter, non plus, à « Changer », aussi, si l'on n'est pas satisfait : Rebondir, Contourner, Transformer ; toujours dynamique, jamais statique ! Et surtout essayer, sans avoir peur de l'échec, ce qui n'empêche pas de se renseigner et de s'organiser ; si ça ne marche pas, on peut toujours recommencer différemment : on fera mieux la prochaine fois... On ne peut pas connaître les choses sans les avoir expérimentées. Et puis, quoiqu'on fasse, de toute façon, rien ne se passe jamais comme on l'avait prévu ou imaginé. C'est là toute la magie de l'existence, la capacité que l'on a à s'ouvrir à l'inconnu et à s'adapter à l'imprévu, à saisir les opportunités. Et enfin, Être une opportunité soi-même cela se découvre.

« *Gagner Ma vie sans perdre Mon âme* », inspiré du titre du livre d'**Alain Setton**, voilà l'objectif que je me suis fixée : « *Je m'appelle Devi et je suis à ma place* »

Avec toute ma Bénédiction « *Sonovocalique* » à l'Univers. ***Devi***

GLOSSAIRE

ALAE : Accueil de Loisirs Associé à l'École. L'accueil périscolaire ou **ALAÉ** (Accueil de Loisirs Associé à l'École) est un service proposé aux familles en lien à l'école, et qui a pour but notamment l'aide aux devoirs, ou la garderie des enfants dont les parents travaillent tard. Si le lieu d'accueil est parfois situé dans l'école, l'équipe n'est pour sa part pas enseignante, mais composée d'animateurs socioculturels. C'est pourquoi l'accueil périscolaire est considéré comme un des domaines d'activité de l'animation socioculturelle dans la mesure où elle permet un suivi social des enfants accueillis (prévention), mais aussi de proposer des activités (loisirs). D'abord appelé CLAÉ (Centre de Loisirs Associé à l'école) puis **ALAÉ** (Accueil de Loisirs Associé à l'École) depuis 2006, celui-ci n'a pas de personnalité morale. C'est un accueil de loisirs fonctionnant dans l'école le matin, le midi et le soir. Il est une structure éducative habilitée pour accueillir de manière habituelle et collective des enfants par des activités de loisirs, à l'exclusion de la formation. Cette habilitation est accordée et contrôlée (fonctionnement, pédagogie) par le ministère de la Jeunesse et des Sports et elle est soumise à certaines conditions : 1) la présence d'un projet éducatif (objectifs, modalités de fonctionnement du centre, présentation des activités proposées aux enfants), 2) La présence d'une équipe d'animation qualifiée (directeur et animateurs), 3) Le respect d'un taux d'encadrement (animateurs/enfants), 4) La présence d'un projet pédagogique élaboré par l'équipe de l'**ALAÉ**. *(Wikipedia)*

AT : l'analyse transactionnelle d'Eric Berne, médecin psychiatre américain, appelée aussi **AT** est une théorie de la personnalité et de la communication. Elle postule des « états du Moi » (Parent, Adulte, Enfant), et étudie les phénomènes intrapsychiques à travers les échanges relationnels appelés « transactions ». L'analyse transactionnelle vise à permettre une prise de conscience ainsi qu'une meilleure compréhension de « ce qui se joue ici et maintenant » dans les relations entre deux personnes et dans les groupes. L'analyse transactionnelle propose des grilles de lecture pour la compréhension des problèmes relationnels ainsi que des modalités d'intervention pour résoudre ces problèmes. *(Wikipedia)*

Attitude : bien qu'il me semble que les attitudes interagissent, on peut cependant distinguer l'attitude physique, que l'on rapprochera de la posture (position du corps), de l'attitude synonyme de comportement qui est aussi par elle même une posture, c'est-à-dire une manière d'être au monde.

CLAÉ : centres de loisirs associés à l'école, voir **ALAÉ**

EFT : *Emotional Freedom Techniques* (littéralement : « Techniques de liberté émotionnelle»), abrégées *EFT*, représentent une pratique psycho-corporelle fondée aux États-Unis en 1993 par un ingénieur du nom de ***Gary Craig*** aujourd'hui en retraite et qui selon son auteur aurait valeur de psychothérapie. L'EFT a pour but d'alléger les souffrances émotionnelles et psychologiques des personnes. Elle se pratique par la stimulation de points situés sur le trajet des méridiens répertoriés par la médecine chinoise, d'où cette appellation de technique dite « méridienne ».(..) L'EFT vise à rétablir et éliminer les perturbations dans le système énergétique du corps en vue de transformer sa santé émotionnelle. L'EFT est surtout utilisée en psychothérapie et en coaching. *(Wikipedia)*

Énergie : de tout temps, on a attribué aux sons un pouvoir mystérieux : celui de donner de l'énergie… Dans le cosmos, tout phénomène vibratoire sonique est générateur d'énergie… L'énergie est difficilement définissable. Le terme qui la désigne introduit une notion de "travail". Nous savons qu'elle existe, puisque de nombreuses manifestations le prouvent, mais nous sommes très embarrassés pour la saisir dans son essence. C'est ainsi que nous parlerons aussi bien d'énergie électrique que d'énergie corporelle… L'énergie se présente donc sous plusieurs formes, bien qu'elle émane à coup sûr d'une seule origine… L'énergie est tout. *(AlfredTomatis "Écouter l'univers")* ; « les lois de la physique veulent que l'énergie ne puisse jamais se perdre dans l'univers ; qu'elle ne puisse être que transformée. » *(Manuel des Chakras de Sharamon et Baginski)* ; « Pour **Jung**, par exemple, l'énergie psychique est un ensemble de forces qui animent les activités de la psyché humaine : la **libido*** est l'expression psychologique du concept physique d'énergie. En élargissant et en spécifiant le concept d'énergie, **Jung** en vient à parler d'énergie *vitale.* » *(Dictionnaire de la psychanalyse, Larousse)*

Essence : le concept d'essence peut s'exprimer en termes psychologiques, philosophiques, transpersonnels ou religieux. L'essence peut aussi être comprise en tant qu'énergie, une vision que je privilégie et qui trouve écho dans plusieurs traditions spirituelles. (…) Les Japonais l'appellent *ki* et les Chinois *chi*. La chrétienté parle d'éternité et de présence de Dieu, alors que les bouddhistes évoquent une unité de la conscience. Quant à **Lao Tseu**, il la nommait *tao*, alors que **Wilheim Reich** la désignait par le mot *orgone*. *(Docteur Mitchell, Sons de guérisons)*

Feldenkrais : il s'agit d'une des formes d'anti-gymnastique destinée à aider à prendre conscience de son corps de la manière la plus sensible possible, à le libérer de ses carcans, à doser ses efforts avec plus de justesse, à mieux connaître ses limites et ses besoins. La méthode Feldenkrais a été mise au point par Moshe Feldenkrais dans les années 30, pour aider à retrouver le geste juste, c'est-à-dire celui qui n'engendre ni tension ni douleur dans sa réalisation. Reposant sur des principes d'arts martiaux, sa méthode relève d'un même objectif : un effort minimal pour un effet maximal. Il s'agit apprendre à ne plus faire des gestes de manière automatique, mais à les exécuter en toute conscience. Ainsi, il est possible de prévenir une usure prématurée du système osseux et, surtout, on retrouve force et vitalité. Cette méthode convient autant aux enfants qu'aux adultes et aux personnes âgées. *(Psychologie.com)* **Fréquence :** nombre de vibrations dans une unité de temps, ce qui correspond en Hertz au nombre d'oscillations par unité de temps.. L'unité de mesure de la fréquence est le hertz (hz). Pour l'oreille, les différences de fréquences des sons seront perçues comme des différences de hauteurs.

Fréquence fondamentale de la voix : les sons complexes, comme ceux que génère le larynx, se composent de fréquences qui sont des multiples exacts de la fréquence la plus basse. La première composante en est la fréquence fondamentale (le premier harmonique), les autres étant des sons harmoniques supérieurs. » *(Richard Miller, la structure du chant)* ; « la fréquence fondamentale est le nombre de cycles d'ouverture- fermeture des cordes vocales par seconde, rendant compte d'une voix grave, médium ou aiguë naturellement. *(laboratoiredelavoix.com)*

Harmoniques : la plupart des sons sont des sons complexes qui ne sont que l'addition de divers sons purs… En fait, la fréquence fondamentale est le son le plus grave d'un son complexe. Les sons naturels sont formés de l'addition d'une fréquence fondamentale et de sons plus aigus qui figurent ce qu'on appelle les "harmoniques". *(Yves Ormezzano, Le guide de la voix)*

Ici et maintenant : "*here and now*" en anglais ; "*hic and nunc*" en latin. Perls parle plus volontiers du "maintenant et comment" (*now and how*) décrivant le *processus* en cours dans l'action ou l'interaction. On a souvent défini la Gestalt comme "thérapie de l'ici et maintenant". Fritz Perls, psychiatre et psychanalyste allemand est considéré comme le fondateur de la Gestalt-thérapie. *(Serge Ginger, la Gestalt : l'art du* *contact)*

Mantras : les mantras sont des mots, des phrases, des syllabes dites sacrées, utilisées comme objets de méditation ; ils sont projetés à voix haute ou intériorisés. Le même mantra répété en boucle apporte une énergie qui circule dans tout le corps ainsi qu'une ouverture et une unification de la conscience. *(Isabelle Haugmard, ABC de la thérapie par les sons)*

MBTI : le *Myers Briggs Type Indicator* (MBTI) est un outil d'évaluation psychologique déterminant le type psychologique d'un sujet, suivant une méthode proposée en 1962 par Isabel Briggs Myers et Kathrine Cook Briggs. Il sert comme outil dans les identifications des dominantes psychologiques des personnes dans des cadres liés au management ou aux problèmes dans le cadre des relations interpersonnelles. *(Wikipedia)*

Ondoline ® : **Alain Deschamps**, l'inventeur et le concepteur de l'Ondoline a mis en évidence l'existence d'ultrasons produits par la respiration nasale douce pouvant atteindre des fréquences dépassant 120.000 hertz. L'Ondoline est constituée de deux volutes préformées à section parabolique adaptées à la morphologie humaine. Chaque volute conduit à l'oreille l'intégralité des fréquences (sons et ultrasons) émises par la respiration nasale. C'est un outil d'harmonisation par le souffle, l'écoute et la voix.

PNL : la programmation neuro-linguistique est un ensemble coordonné de connaissances et de pratiques dans le domaine de la psychologie fondées sur une démarche pragmatique de modélisation, en ce qui concerne la communication et le changement. Elle a été élaborée par Richard Bandler et John Grinder dans les années 1970 aux Etats-Unis. *(Wikipedia)*

Roy Hart : fondateur du Roy Art Théâtre où l'on considère que « la voix est une voie d'exploration majeure de notre être profond », dans la lignée du psychologue C.G.JUNG (avec l'analyse des rêves). *(Voix de l'inouï)*

Son : un son est la mise en vibration des molécules d'air, vibration qui se propage aux molécules voisines jusqu'à parvenir à nos oreilles *(Yves Ormezzano, Le guide de la voix)* ; « Selon les théories hindoues, le son peut être non manifesté (correspondant à la prise de conscience précédant la volonté), subtil (dans l'intention de produire) ou articulé (c'est-à-dire manifesté). » *(Maela et Patrick*

Paul, Le chant sacré des énergies)

Ultrason : son dont la fréquence est si élevée que l'oreille humaine ne le perçoit pas

Vibration : une vibration est une d'oscillation entre deux polarités, un mouvement alternatif (onde) autour d'un point d'équilibre : ce mouvement de va-et-vient entre deux pôles opposés est générateur d'énergie. Cette polarité est l'essence même du principe de vibration, bien connu en électricité par exemple. Tant qu'il y a vibration, il y a émission d'une forme de son. Ce principe de mouvement oscillatoire est la base de la compréhension de la nature vibratoire de l'Univers. Pas de vibration, pas d'univers. (Il existe des vibrations acoustiques audibles ou non ; d'autres, non acoustiques, comme la lumière ou les ondes radios).

Voix : selon les dictionnaires monolingues, le terme "voix" recouvre à la fois (a) l'émission vocale, c'est-à-dire les sons produits par les vibrations des cordes vocales, (b) le chant et la musique, y compris la force incantatoire de la voix , (c) les mots, la parole, ainsi que (d) la personne qui parle, donc le style vocal. *(Ivan Fonagy, Voix et psyché)*

BIBLIOGRAPHIE

Aucher (M.L.). – *Vocalises « Plumes »*. Rochefort, Collège de Psychophonie Productions,1966.

Bonhomme (J.). – *La voix énergie Instrument de nos émotions*. St-Jean-de-Braye, Dangles, 1999.

Cayrol (A.), De Saint Paul (J.). – *Derrière la magie*. Paris, InterEditions, 2010

Comte (E.). – *Le son d'harmonie*. Québec Canada, Editions Medson, 2009

Comte (E.). – *Le son de vie et la sonorité des mondes*. Montréal (Québec) Canada, Les éditions Quebecor, 2011

Cousto (H.). – *Les Tons de l'octave Cosmique*. Munich, Planetware, 2009. (www.planetware.de/download/cousto/LesTons.pdf)

Delivré (F.). – *Le métier de Coach*. Paris, Eyrolles Editions d'Organisations, 2012

Dilts (R.). – *Être Coach*. Paris, InterEditions, 2008

Lenhardt (V.). – *Au coeur de la relation d'aide*. Paris, InterEditions, 2008

Maman (F.). – *Le Tao du Son*. Paris, Guy Trédaniel éditeur, 2011

Mitchell L. Gaynor (M.D.). – *Sons de guérison*. Canada, Editions de l'Aigle, 2007.

Newham (P.). – *La Thérapie par la Voix*. Paris, Editions Véga, 2003.

Paul (M. et P.). – *Le chant sacré des énergies*. Paris, Editions Présence, 2000.

Setton (A.). – *Gagner sa vie sans perdre son âme*. Paris, Editions Desclée de Brouwer, 2011

Tomatis (A.). – *L'oreille et la voix*. Paris, Robert Laffont, 1987.

Tomatis (A.). – *Vers l'écoute humaine*. Tome 1. Paris, Editions ESF, 1979.

ADRESSES DE SITES WEB

Introduction
- **WI1**
  http://www.empreintesdephi.fr/

Psychopédagogie vocale

- **WPV1**
  http://pierre-selos.fr/

- **WPV2**
  http://www.voix-formation.com/

Ondoline®
- **WO1**
  http://www.hiperion.net/

- **WO2**
  http://www.therapiesonore.net/ondoline/pour-qui/

- **WO3**
  http://www.laclefdharmonie.com

Relaxation sonore Sonothérapie
- **WRS1**
  http://www.medson.net/

Massage MSV

- **WMSV1**
  http://www.detenteaunaturel.com/

Méthode Edonis

- ➤ **WME1**
  http://www.eibe-formation.com/

- ➤ **WME2**
  http://www.massage-edonis.com

- ➤ **WME3**
  http://www.universite-sante-naturelle.com/

Ptibourelax

- ➤ **WPT1**
  http://www.lemonde.fr/vous/article/2012/11/11/le-yoga-apporte-un-nouveau-souffle-a-l-ecole_1788839_3238.html

- ➤ **WPT2**
  http://www.eibe-formation.com/

- ➤ **WPT3**
  http://www.yelp.fr/biz/p-tibou-relax-toulouse

La Dynamique des Réseaux

- ➤ **WDR1**
  http://www.unizen.fr/

- ➤ **WDR2**
  http://www.wannonce.com

- ➤ **WDR3**
  http://www.neobienetre.fr/

- ➤ **WDR4**
  http://www.psycho-bien-etre.be/

- ➢ **WDR5**
  http://businessladies12.com/

- ➢ **WDR6**
  http://www.reseau-bien-etre.fr

- ➢ **WDR7**
  http://www.theraspot.org

- ➢ **WDR8** http://oasisdelentiourel.over-blog.com/

Droits et Statuts

- ➢ **WDS1**
  http://www.isthme-formations.com/liens.html

- ➢ **WDS2**
  http://boutique.apce.com/26-sante-bien-etre-beaute

- ➢ **WDS3**
  http://www.securite-sociale.fr/Glossaire?lettre=c

- ➢ **WDS4**
  http://www.rsi.fr/espacetelechargement/brochuresthematiques/protection-sociale.html

- ➢ **WDS5**h
  ttp://www.apce.com/cid148413/loi-relative-a-l-artisanat-au-commerce-et-aux-tres-petites-entreprises.html?pid=336

- ➢ **WDS6**
  https://www.evoportail.fr/actualites/2014/02/17/les-auto-entrepreneurs-sauves-le-statut-perennise/

- ➢ **WDS7**
  http://www.chambre-syndicale-sophrologie.fr/informations/code-ape-des-sophrologues/

- ➢ **WDS8**
  affiliation@plp.rsi.fr

- ➢ **WDS9**
  http://www.aga-france.fr/actualites-aga/juridiques/75-bien-declarer-activite-identite-cfe

- ➢ **WDS10**
  http://www.rsi.fr/votre-caisse-rsi/ile-de-france-professions-liberales/les-organismes-conventionnes-ram-ou-harmonie-mutuelle/coordonnees-de-la-ram.html

- ➢ **WDS11**
  http://www.apce.com/pid12669/cumul-statuts-differents.html?pid=12669

- ➢ **WDS12**
  http://aide-creation-entreprise.info/Auto-entrepreneur-sans-activite

- ➢ **WDS13**
  http://www.planete-auto-entrepreneur.com/gestion/comptabilite/obligations-comptables.html

- ➢ **WDS14**
  (http://vosdroits.service-public.fr/professionnels-entreprises/F23999.xhtml)

- ➢ **WDS15**
  http://www.federation-auto-entrepreneur.fr/auto-entrepreneur/actualite/2014/10/13/actualite-autoentrepreneur-personne-ne-paye-de-cfe-en-2014.html

- ➢ **WDS16**
  http://www.lautoentrepreneur.fr/avantages.htm

- **WDS17**
  http://www.jecree.com/pid1025/faq.html?cont_id=89270#89270

- **WDS18**
  http://www.entreprises.cci-paris-idf.fr/web/formalites/actu-auto-entrepreneur

- **WDS19**
  http://www.entrepreneursdelacite.org/

- **WDS20**
  https://agence.axa.fr/ile-de-france/paris/paris-16/zadok-pierre

- **WDS21**
  http://www.guideduportage.com/portage-salarial/definition-portage-salarial.html

- **WDS22**
  http://www.guideduportage.com/portage-salarial/video-portage-salarial.html

- **WDS23**
  http://www.heliaportage.com/

- **WDS24**
  http://www.aegid.fr/

- **WDS25**
  http://www.portage-sante-bien-etre.fr/

- **WDS26**
  http://www.aegid.fr/Formulaires/Manuel%20de%20fonctionnement%20aegid.pdf

- **WDS27**
  http://aide-creation-entreprise.info/Les-societes-de-portage-qui-ne

- **WDS28**
  http://direccte.gouv.fr/spip.php?page=recherche&recherche=d%C3%A9claration

%20formation&choix_region_recherche=0

> **WDS29**
  http://www.midi-pyrenees.direccte.gouv.fr/Procedure-de-declaration

> **WDS30**
  http://www.centre.direccte.gouv.fr/les-droits-et-obligations-des-organismes-de-formation

> **WDS31** http://actus.arifor.fr/upload/file/Guide-OF-au-31102011.pdf

> **WDS32**
  http://travail-emploi.gouv.fr/actualite-presse,42/dossiers-de-presse,2141/dossier-de-presse-loi-formation,17582.html

> **WDS33**
  http://www.fifpl.fr/index.php?page=formulaire_de_prise_en_charge

> **WDS34**
  http://www.couveuse.net/

> **WDS35-**
  http://www.je-veux_entreprendre.fr/devenir_independant/pourquoi_une_cae.php

> **WDS36**
  http://www.adie.org/

ANNEXES

(« Oh Oh Oh » qui, en approche psychovocale, est l'onomatopée du Poète "Scaramouche")

<u>Oh Oh Oh, c'est comme ça que je t'aime aussi...</u>

Quand tu ris à gorge déployée et que plus rien n'a d'importance que cet instant joyeux, quand ton chant tonitrue, résonant alentour et captivant mes yeux,
Quand ton visage frémis de mes lèvres sur ta joue, de mon regard sur toi, quand je sens dans ma main, la tienne dépliée, entière, abandonnée, quand tu me dis que je suis belle...

OhOhOh, c'est comme ça que je t'aime aussi, quand tu contes et racontes et laisse jaillir le mot qui sonne dans ta bouche, quand tu bavardes, fraternel, avec les touches de ton piano, comme un dompteur farouche et sensible à la fois, et qu'en écho je dis, encore toujours Bravo !

OhOhOh, c'est comme ça que je t'aime aussi, quand tu me prends dans tes bras, et me serre contre toi, pour me donner les baisers, que je viens en joie chercher, belles empreintes à collectionner...

OhOhOh, c'est comme ça que je t'aime aussi, quand de ta voix fuse ou éclot, citations et phrases du moment, un sourire qui se réjouit, une larme sur la joue, un livre dans les mains, une mélodie au bout des doigts et un refrain qui revient, belle inscription sur le chemin...

OhOhOh, oui, c'est comme ça que je t'aime aussi...

EVIE Hymne à l'infini *(« En hommage à une âme en voyage »)*

Belle brodeuse aux doigts de fée, picoreuse de délicatesse,
Avec tes airs d'Anna Karina, enfantine et parfois boudeuse
Je me rappelle
Ton regard questionneur en quête de sagesse et d'humanité.
Je me rappelle

Ton oreille aux aguets en quête de discours sobre et de jolies voix.

Tu aimais la constance, la cohérence, l'authentique présence, Petite fille qui osait parfois ce que la grande ne s'accordait pas.

Comme le Bouddha l'a dit : "De toutes les empreintes de pas, celles de l'éléphant sont les plus larges ; de toutes les réflexions, la plus importante est celle qui porte sur l'impermanence"

Toujours je penserai à toi en lisant cette phrase que tu ne connaissais pas, quand de ma bouche, pour la première fois, tu l'as entendu résonner dans ton coeur, douce mélodie que tu as aimé. Paix à ton âme Evie pour l'éternité.

Devi complices de jeux et partenaire de voix.

JE M'EN ALLAI (« *À la rencontre de mon Ombre* »)

J'm'en allai m'cacher dans le couloir q uand soudain j'ai glissé dans l'noir
J'ai vu un dragon dans l'miroir manque de bol il était tout noir
Il m'a invité à la foire

Après on a mangé des poires et moi je me fendais la poire
C'était vraiment une drôle d'histoire q ue cette petite fille dans l'couloir
Cette gamine qui broyait du noir allant prom'ner son désespoir
J'm'en allai m'cacher dans le couloir
Quand soudain j'ai glissé dans l'noir
J'ai vu un dragon dans le miroir manque de bol il était tout noir

LA COMPLAINTE DU NON (« *En faveur du Yoga du Rire* »)
Pour en finir avec la lamentation et les faux semblants

Du baiser au plaisir en passant par nos coeurs ça nous fait prendre de la hauteur
Du sexe à nos coeurs en bousculant nos peurs célébration d'un instant de bonheur

Gémis, gémis, gémissements Mon dieu que c'est ennuyant
Quand ce n'est pas pour jouir vraiment Gémis, gémis, gémissements
Mon dieu que c'est ennuyant, assommant Quand ce n'est pas pour jouir vraiment

Être heureux ce n'est pas difficile quelques mots gentils et de tendres câlins
Être heureux ce n'est pas difficile
Donne-moi ta main courons à perdre haleine Donne-moi ta main sautons dans toi et moi Donne-moi ta main roulons dans l'herbe à deux

Gémis, gémis, gémissements Mon dieu que c'est ennuyant
Quand ce n'est pas pour jouir vraiment Gémis, gémis, gémissements
Mon dieu que c'est ennuyant, assommant Quand ce n'est pas pour jouir vraiment

Être heureux ce n'est pas difficile À l'ombre d'un pin
Tenir la patte de son chien Être heureux ce n'est pas difficile
S'aimer sans détour toujours rire à deux voix Être heureux ce n'est pas difficile
J'aime tout dans ma vie près de toi

Gémis, gémis, gémissements Mon dieu que c'est ennuyant

Quand ce n'est pas pour jouir vraiment Gémis, gémis, gémissements

Mon dieu que c'est ennuyant, assommant Quand ce n'est pas pour jouir vraiment

JE SUIS LA VIE (« *À la Rencontre de mon É-Moi* »)

Les mots résonnent dans ma tête
Assassinat, Suicide, Cancer
Les mots résonnent dans ma tête
Maman, Chérie, Mon Amour
Les mots résonnent dans ma tête
Indigeste, Brouillon, tu en dis Trop, tu ne dis Rien
Les mots résonnent dans ma tête
Accueil, Sourire, Ouverture
Les mots résonnent dans ma tête
Rejet, Violence, Tension, Fermeture, Jugement

Il y a les mots qui blessent, les mots douloureux, les mots de peine
Il y a les mots qui soutiennent, qui encouragent et qui comprennent
Je ferme les yeux et mon cœur se souvient,
Il ne me manquait que la règle pour me taper sur les doigts
Non ce n'est pas comme ça !!! Tais-toi, Tais-toi !!!

Mais moi, moi qui ai appris à être un Cavalier, un Portier, une Bonne Mère, Je saute sur ma monture reprendre le galop de la vie

Et entre Cerbère ou Câlin, sans hésiter je fais mon choix : Non je ne suis pas Rien !

Je Suis la Vie

LIBERTE (« *Comment prendre de la hauteur* »)

Dans le lac je laisse mes peines, Dans le lac j'enfouis mes tourments
Et j'y jette tout mon avant

Dans la terre je plante mes rêves, Dans la terre j'ancre mon audace
Et je sème mon maintenant

Liberté donne-moi les clés, Liberté, Liberté
Liberté donne-moi les clés, Liberté, Liberté

Dans les airs je lance mes mystères, Dans le ciel confettis de joie,
Dans les bois je cache les lois

Je m'espacionne, je me dilate, je m'inventionne et je m'étonne
Je m'espacionne, je me dilate, je m'inventionne et je m'étonne

Sur la mer je double les vagues, Sur la mer j'esquive le vent
Et je chante de tout coeur mon âme en chemin

Liberté donne-moi les clés, Liberté, Liberté
Liberté donne-moi les clés, Liberté, Liberté

Sur la lune je roule en orbite, Sur la lune en dehors des clous...
Et j'oublie entraves et chaînes de l'ici

Je m'espacionne, je me dilate, je m'inventionne et je m'étonne
Je m'espacionne, je me dilate, je m'inventionne et je m'étonne

Liberté donne-moi les clés, Liberté, Liberté
Liberté donne-moi les clés, Liberté, Liberté

Tests effets ressentis avec l'ONDOLINE®

NOM ET ADRESSE :   *HY S.LV..*
ADRESSE :   *37000 TOURS*

INDICATION THERAPEUTIQUE :

EFFETS RESSENTIS IMMEDIATEMENT :

Allongée, plaisir d'être reliée à ma respiration, après une minute angoisse légère d'inconfort, d'un air chaud et moins oxygéné, car je suis « spasmophile » et « chlostrophobe » ; puis à nouveau plaisir d'une respiration régulière ; *tout d'un coup* le dos « lâche » ; le dos de la nuque au bassin est pesant et relâché, « par surprise », sensation de calme, mais pas du tout d'endormissement.

EFFETS RESSENTIS DANS LES HEURES SUIVANTES :

Lucidité ; bien-être ; des questions personnelles qui changent de « niveau » ; sensation « d'éclairement psychique » sensation de j'entends mieux (problèmes d'audition variables liés à mon état de « fatigue » physique ou émotionnelle ; variations pouvant aller de -25% à – 45 % de perte auditive des deux côtés
  – essentiellement dans les aigus ; information confidentielle que je ne divulgue pas dans mes recherches d'emploi).

CE PRODUIT VOUS SEMBLE-T-IL INTERESSANT ET POURQUOI ?

À plusieurs titres il répond à mes besoins :

- Centrage sur les parties essentielles à mon travail de chant : (oreilles, audition, nez, concentration, harmoniques, sensation « d'axe » jusqu'au diaphragme….)
- Préoccupations de rééducation « proprioceptive » sur une partie de ma capacité auditive.
- Gestion du stress et de l'état dépressif , effet relaxant et positif sur l'état de déprime.

NOM ET ADRESSE : HY S.LV..

ADRESSE :   37000 TOURS

INDICATION THERAPEUTIQUE :

EFFETS RESSENTIS IMMEDIATEMENT :

Conscience d'écoute de ma respiration ; le dos a « lâché » par surprise comme à la première séance.

EFFETS RESSENTIS DANS LES HEURES SUIVANTES :

Le nez qui coule ; l'oreille droite qui fait « résonner » les sons comme dans une grotte.

CE PRODUIT VOUS SEMBLE-T-IL INTERESSANT ET POURQUOI ?

Deuxième séance à nouveau édifiante : le hasard de l'agenda a fait que cette nouvelle séance a eu lieu la veille de mon concours de chant jazz ; j'avais deux morceaux a interpréter dont toute un plage d'improvisation dans chaque, qui suppose d'entendre, voir anticiper l'harmonie et se « glisser » sur la proposition des musiciens (guitare, contrebasse, batterie) à la manière du surfeur sur les vagues.

J'entendais tous les sons, je me suis « promenée » sur la gamme avec une sensation de perspicacité qui a convaincu le jury au-delà de ce que je pouvais en attendre.... (Après trois mois d'interruption du chant suite à 2 interventions chirurgicales). C'était ma première interprétation post-opératoire et j'en suis très contente, grâce à l'ondoline, j'en suis convaincue ; sans comprendre pourtant quels mécanismes sont en jeu, ça me paraît relever de la « pensée magique » de l'enfant ou du placebo, mais compte tenu du résultat très positif à chaque séance, j'aimerai continuer à m'appuyer sur ce support.

NOM ET ADRESSE :   HY S.LV.
ADRESSE :   37000 TOURS

INDICATION THERAPEUTIQUE :

EFFETS RESSENTIS IMMEDIATEMENT :

La respiration haletante se calme très rapidement. Pas de « lâché » du dos comme les 2 premières séquences. Lâché progressif et remarquable de la mâchoire ; la langue s'élargit, s'agrandit ; impression qu'elle est devenue trop grande pour ma bouche. Plus de sensations de claustrophobie. Détail technique : je préfère la position menton que posé sur un coussin placé sous le cou.

EFFETS RESSENTIS DANS LES HEURES SUIVANTES :

Oreille gauche qui résonne, détente générale ; les idées plus sereines, plus parasitées par le stress dans mes actions.

CE PRODUIT VOUS SEMBLE-T-IL INTERESSANT ET POURQUOI ?

Jamais la même partie du corps sui réagit et se « révèle ». Mon métier étant la voix et la musique outil approprié.
Il fait travailler l'oreille ET la relaxation : mes 2 besoins. J'ai travaillé la respiration ; il y a déjà des résultats.
J'attends de poursuivre avec la voix, car je pressens d'autres avancées.

NOM ET ADRESSE :   HY S.LV.
ADRESSE :   37000 TOURS

INDICATION THERAPEUTIQUE :

EFFETS RESSENTIS IMMEDIATEMENT :

La respiration reste relativement rapide et sonore. Du mal à trouver la détente. Séance d'assouplissement des cicatrices d'une opération récente juste avant l'essai ondoline et encore très présente ; le ventre prend toute la place. Cependant, un certain confort est désormais acquis avec l'appareil, plus de traces d'appréhensions ou de claustrophobie. La détente relative obtenue permet tout de même de relativiser le réveil des cicatrices et de leur raison d'être.

EFFETS RESSENTIS DANS LES HEURES SUIVANTES :

Amélioration de l'improvisation musicale.

CE PRODUIT VOUS SEMBLE-T-IL INTERESSANT ET POURQUOI ?

J'aimerais en disposer plus souvent, voire même faire une séance de 20 mm par jour : et après la respiration, tester ma voix.

NOM ET ADRESSE :   *HY S.LV..*
ADRESSE :   *37000 TOURS*

INDICATION THERAPEUTIQUE :

EFFETS RESSENTIS IMMEDIATEMENT :

Ondoline en essai de voix : essai en grave, medium, aigu, les 2 « oreillettes » ensemble, mais séparées au milieu, je cherche les harmoniques ; la voix semble éteinte : ras : puis je « raccorde » les deux parties devant la bouche à circuit « fermé » je recommence ; je chante à un moment plus fort ce qui me fait retirer brusquement l'ondoline ; j'ai la sensation d'être sourde : comme en montagne ; je me pince le nez et souffle ; tout ce met à bouger dans l'oreille droite : légère angoisse : comme si l'oreille avait reçu trop de volume : à gauche rien de spécial : les parasynthèses répétées ont rendu le tympan rigide. Il réagit peu. La sensation la plus sensible est donc à droite : sensation que les osselets sont plus « libre » et baignent dans un liquide qui circule ; mais l'expérience est impressionnante : je suis déstabilisée et j'arrête l'exercice pour retrouver mes sensations habituelles ; ce qui prend quelques minutes (4 ou 5 ?)

EFFETS RESSENTIS DANS LES HEURES SUIVANTES :

Sensation de grande détente et somnolence.

CE PRODUIT VOUS SEMBLE-T-IL INTERESSANT ET POURQUOI ?

J'aimerai l'acquérir pour travailler la voix le matin et l'utiliser en relaxation 20 m/m après déjeuner.

NOM ET ADRESSE : HY S.LV..
ADRESSE :   *37000 TOURS*

INDICATION THERAPEUTIQUE :

EFFETS RESSENTIS IMMEDIATEMENT :

Essais de sons medium. Je suis plus concentrée, plus relâchée que la semaine dernière et plus en confiance. La voix se place mieux et sans cassure (due au stress). Je perçois donc mieux les harmoniques, car le ventre est tranquille aussi. La voix se place dans le « masque » assez facilement (je suis penchée un peu en avant). Le son « tourne » dans le crâne, le nez, sous le nez, les oreilles. À l'arrêt des sons, je souffle en me bouchant le nez. L'oreille gauche se réveille comme si on massait un endroit oublié et « enquilosé » depuis longtemps (souvenir des souffrances d'otites et parasynthèses, cet endroit ne doit plus exister à la conscience). J'ai un peu mal, comme un début d'otite, mais j'ai la sensation « qu'une circulation » se met en route. Effet de grande décontraction presque une somnolence. Je n'ai fait l'exercice cette fois qu'avec les deux oreillettes réunies par le milieu. Pas d'essai à distance avec chaque oreillette orientée différemment.

EFFETS RESSENTIS DANS LES HEURES SUIVANTES :

Sensation de grande détente et somnolence

CE PRODUIT VOUS SEMBLE-T-IL INTERESSANT ET POURQUOI ?

J'aimerais l'acquérir pour explorer plus souvent. Le prix intuitif que je propose est d'environ 100 euros. je pense que pour quelqu'un qui n'a pas testé l'appareil, une « mini-consultation d'essai serait "attractive" ». j'ai moi-même encore besoin des consignes du professionnel pour « chasser » certaines inhibitions dans l'utilisation de l'appareil. Mais je le conseillerai vivement à mon entourage musical, chanteurs certes, mais je pense qu'il peut aussi être bénéfique aux instrumentistes.

NOM ET ADRESSE : H.Y S.LV..
ADRESSE :   37000 TOURS

INDICATION THERAPEUTIQUE :

EFFETS RESSENTIS IMMEDIATEMENT :

Je suis fatiguée ce jour. J'ai du mal à trouver un appui abdominal pour la voix ; j'ai beaucoup de souffle et voix courts. Essai en sons de voix de tête ; les deux coques séparées ; par éloignement et rapprochement. Plus tardivement que précédemment, cela devient petit à petit confortable et je suis reliée entre le placement de la voix et l'oreille par les harmoniques que j'entends distinctement en mélodie. Même en éloignant les coques, le placement perdure et je continue d'entendre la mélodie des harmoniques, bonne nouvelle. Je sens que ma voix est bien placée, (grâce aussi au travail sur le ventre du w.e. en danse thérapie) ; cette justesse d'appui et de placement de voix donne une sensation de centrage et de sécurité. Je regrette un peu que cette justesse manque encore du volume que j'obtiens en « trichant » habituellement avec la volonté de « projeter la voix », mais qui donne souvent des sons de gorge beaucoup moins purs et chargés d'harmoniques que lorsque je fais cet exercice avec les coques.

EFFETS RESSENTIS DANS LES HEURES SUIVANTES :

Il me semble que je récupère « une conscience » de mon appareil auditif « interdit de séjour » pendant longtemps par mon passif douloureux d'otites répétées (2 à 3 par an de 3 ans à 16 ans) ; le tympan gauche souvent remanié est devenu épais et rigide, semble retrouver une légère « marge de manœuvre ». En revanche pas de sensation de récupération d'audition, la perte semble installée et définitive contrairement aux variations importantes des années précédentes (variation de -25% à – 45 % suivant les états psychiques et physiologiques, états dépressifs, rhumes ou états grippaux). Aujourd'hui je fais répéter plus systématiquement et j'ai plus de mal à reconstituer les parties manquantes d'une conversation.

CE PRODUIT VOUS SEMBLE-T-IL INTERESSANT ET POURQUOI ?

Il me fait reprendre contact avec l'appareil auditif, et reprendre conscience d'une sensation morphologique. Il rend aussi plus douloureux le constat de la perte d'audition et m'oblige à prendre en compte une déficience que je voulais occulter.

QUESTIONNAIRE POUR L'UTILISATION DE L'ONDOLINE

NOM ET PRENOM :

INDICATION :

....
....
....
....
....

EFFETS RESSENTIS IMMEDIATEMENT :

....
....
....
....
....

EFFETS RESSENTIS DANS LES HEURES SUIVANTES :

....
....
....
....
....

CET OUTIL VOUS SEMBLE T-IL INTERESSANT ET POURQUOI ?

....
....
....
....
....

Yoga à l'école

« Le Monde novembre 2012 »

Un article de **Pauline Garaude**

Jennifer, Aliénor, Gabriel... Disposez les tapis en étoile. On s'assoit, les jambes croisées en lotus. On inspire par les narines, on expire par les narines... calmement... On a juste à sentir l'air qui entre et sort... Le dos bien droit, on va tendre les mains très haut vers le ciel, comme pour toucher le sommet d'une montagne. Maintenant, relâchez tout et bâillez. On va se lever et se pencher en secouant les bras" : **Ulrika Dezé**, diplômée en sciences de l'éducation et fondatrice de Yogamini, une méthode ludique et pédagogique de yoga, commence son cours avec les élèves de CE2 à l'école primaire des Francs-Bourgeois (école privée sous contrat), à Paris.

Le projet a démarré il y a trois ans. *"La directrice constatait que beaucoup d'enfants étaient stressés, avec des maux de ventre et de tête. Ils avaient du mal à se concentrer et cela avait un impact en classe. J'ai proposé un atelier yoga pendant six mois, et les résultats ont été si positifs, les enseignants tellement satisfaits, que les cours se sont institués. Si les enfants sont mieux dans leur peau et dans leur tête, ils sont mieux à l'école"*, dit **Ulrika Dezé** avec sourire chaleureux.

Le yoga pour enfants est bien différent de celui destiné aux adultes. Ainsi, les cours alternent des histoires où l'on mime des postures, le cygne, la chandelle ou l'arbre, des épisodes relaxants basés sur la respiration pour calmer les émotions, des dessins de mandalas favorisant la concentration et des jeux qui améliorent le rapport à l'autre. En quelques minutes, ces écoliers agités sont détendus, concentrés et souriants. Même les plus indisciplinés, comme Paul : *"J'adore le yoga parce que c'est pas du travail et ça me détend."* Aliénor fait même des exercices chez elle le matin. *"Je travaille mieux en classe, je retiens mieux"*, confie-t-elle. Tous les élèves de CE2 sont unanimes pour dire que cette pratique leur fait du bien.

Caroline Allard, leur enseignante, le confirme. *"Quand ils sortent du cours de yoga hebdomadaire, ils sont concentrés, posés, et je peux aller plus en profondeur dans l'apprentissage. Paul arrive maintenant à rester calme. Au fil des séances, j'ai vu son attitude changer et ses notes grimper ! L'école privilégie les résultats et l'intellect. Rarement l'être. Ce sont eux qui me demandent : "Maîtresse, et si on respirait cinq minutes, si on faisait l'arbre ?"*

Pour **Ulrika Dézé** il importe d'associer les enseignants à cette expérience et de les former au yoga. *"Ils suivent le cours, et cela leur donne des outils en classe. S'ils sont moins stressés et reviennent au calme intérieur, eux aussi sauront mieux enseigner et gérer leur classe"*, remarque-t-elle. Former les enseignants est un axe essentiel du yoga à l'école, défendu par **Micheline Flak**, pionnière en France avec un projet pilote au collège Condorcet en 1973, à Paris, et fondatrice du centre Recherche sur le yoga dans l'éducation (**RYE**) en 1978. Elle a formé plus de deux mille enseignants qui ont intégré la relaxation dans leur temps de cours - obtenant des résultats étonnants chez les élèves en difficulté.

Le yoga s'implante en milieu scolaire et concerne déjà 70 000 élèves. ***Dominique Daumail***, professeur d'éducation physique et sportive dans un lycée de Pontoise, témoigne : *"J'ai des ados de 15 à 18 ans dont beaucoup sont indisciplinés et anxieux. Je les fais respirer en traçant un trait montant puis descendant, en insistant sur l'expiration pour évacuer les tensions et apaiser le stress physique, émotionnel et mental. Ils se calment en moins de cinq minutes, puis observent intérieurement leur état de calme, de concentration et d'écoute. Ils sont alors prêts à apprendre."*

Rendre les élèves autonomes, tel est son objectif. *"Après chaque séance, je leur demande d'évaluer ce qu'ils ont ressenti et de pratiquer par eux-mêmes l'exercice qui leur a fait le plus de bien. Ils acquièrent ainsi un aperçu global des techniques et peuvent s'approprierl'exercice qui leur va le mieux pour réviser un examen ou contrôler leur trac le jour J. Grâce à cette pédagogie, ils s'aperçoivent qu'ils ont un mental et des émotions, et qu'il est possible d'apprendre à les contrôler."*

Laurence Scheibling, professeur des écoles et de yoga, intervient, elle, dans le cadre du dispositif **ULIS** (unité localisée d'inclusion scolaire), auprès d'élèves ayant un handicap léger, sensoriel, moteur ou mental. *"Avec les autistes, je stimule l'attention portée à l'autre par des exercices d'écoute et de relaxation. Chez ceux présentant des troubles moteurs, on travaille sur la posture et le ressenti corporel."*

Cette pratique à l'école dépend pour l'instant d'initiatives locales et spontanées d'enseignants en matière générale, qui ont été formés aux techniques de yoga ou de professeurs de yoga intervenant en milieu scolaire.

Au ministère de l'éducation nationale, un responsable qui a suivi ce dossier l'admet : *"C'est une initiative bénéfique, et nous étudions la proposition de Michelin Falk d'intégrer le yoga dans le cadre de l'expérimentation lancée en 2010 [matières fondamentales le matin et ateliers (culture, arts, sport) l'après-midi]. Il y a déjà de l'expression corporelle et de la relaxation. Mais le yoga pourrait se généraliser s'il y a des organismes agréés de qualité ou reconnus, car proposant une méthode pédagogique et une formation comme celle du RYE."* Mais il reste prudent : *"L'activité doit être bien encadrée. L'école reste vigilante sur la qualité des intervenants et sur ce que l'on propose aux enfants."*

« __Le Massage Edonis, Voie du Bien-être__ »

Le massage Edonis support au bien-être physique, nerveux, émotionnel et mental Contribue à

→→ Un retour à l'équilibre du système neurovégétatif (apaisement provoqué par la stimulation de nombreuses terminaisons nerveuses)

→→ Un effet psychologique menant à l'épanouissement de la personne

→→ Une connexion à sa source intérieure (intériorisation)

« __Les techniques du massage Edonis s'enchaînent pour ressentir à la fois la douceur du Californien et du Balinais ainsi que la vigueur des massages Chinois et Ayurvédiques__ »

Avec les massages légers de la technique Edonis on note une amélioration

→→ au niveau de la tension psychologique

→→ de l'agitation

→→ de l'humeur

→→ des tensions au niveau du cou et des épaules

« <u>Action sur les muscles</u> »

Les techniques du massage Edonis agissent sur les muscles

→→ Pour tonifier (Ayurvédique)

→→ Pour renforcer la commande nerveuse de ces muscles (Chinoise)

→→ Pour les assouplir (Coréenne)

→→ Réduit les douleurs et l'anxiété

→→ Toucher épicritique qui stimule directement le système nerveux impliqué dans la régulation de l'humeur et de la douleur

« __Méthode Edonis et Gérontologie__ »

→→ Effets calmants sur les personnes atteintes de troubles dégénératifs [alzheimer, SEP (sclérose en plaques...)]

→→ Bain de pied eau salée pour renforcer la zone lombaire

→→ Phytomicronutrition (vertues anti- oxydants ou anti-inflammatoires de certains compléments alimentaires)

« __Régulation du sommeil__ »

Régulation du sommeil et Massage Edonis

→→ Techniques d'effleurage qui stimulent certains récepteurs de la peau, véritables générateurs d'endorphine et de mélatonine, l'hormone du sommeil

→→ zone du dos pour agir sur le système de gestion du stress. Les zones près des vertèbres dorsales contiennent la chaîne des ganglions orthosympathiques qui sont souvent déséquilibrés par le stress. La technique Tan Bo sur ces ganglions permet de les régulariser

→→ zone de la nuque et du cuir chevelu qui contient de nombreux récepteurs sensoriels induisant une détente profonde (les points énergétiques associés permettent de favoriser le sommeil quand la nuit tombe)

« <u>Comportement alimentaire</u> »

Comportement alimentaire et Massage Edonis

→→ La technique du toucher épicritique favorise la relation à soi et l'acceptation. Ce ressenti corporel permet de recentrer son cops émotionnel afin de se retrouver soi-même (identifier ses manques, ses frustrations, abandonner certains poids du passé)

→→ Massage chinois utilisé pour réactiver et équilibrer le système digestif, l'estomac et la sensation de satiété. Certains points situés aux pieds, aux jambes et plexus régulent l'activité du système parasympathique souvent perturbé par le stress et les surcharges émotionnelles

→→ Points pour Anorexie (l'envie de manger n'est pas animé)

→→ Points pour compulsions boulimiques (feu de l'estomac)

Tables des Matières

www.ingramcontent.com/pod-product-compliance
Lightning Source LLC
Chambersburg PA
CBHW020707270326
41928CB00005B/313